Manual Compacto de Ensino Religioso

Manual Compacto de Ensino Religioso

Ana Vasconcelos

1ª edição

EDITORA RIDEEL
Quem tem Rideel tem mais.

EXPEDIENTE

Presidente e editor	Italo Amadio
Diretora editorial	Katia F. Amadio
Coordenação editorial	Adson Vasconcelos
Preparação de texto	Adson Vasconcelos
Revisão	Marina Nogueira Marcelo Joazeiro Ana Lúcia Sesso
Projeto gráfico	Breno Henrique
Diagramação	Azza Graphstudio Ltda.
Pesquisa iconográfica	Thiago Fontana

Dados Internacionais de Catalogação na Publicação (CIP)
(Câmara Brasileira do Livro, SP, Brasil)

Vasconcelos, Ana

Manual compacto de ensino religioso / Ana Vasconcelos. -- 1. ed. -- São Paulo : Rideel, 2010.

1. Ensino religioso 2. Religião - Estudo e ensino I. Título.

10-01841 CDD-371.07

Índice para catálogo sistemático:

1. Filosofia : Estudo e ensino 371.07

ISBN 978-85-339-1564-0

EDITORA RIDEEL

EDITORA AFILIADA

Av. Casa Verde, 455 – Casa Verde
CEP 02519-000 – São Paulo – SP
e-mail: sac@rideel.com.br
www.editorarideel.com.br

7 9 8 6
0 9 1 5

APRESENTAÇÃO

A *Coleção de Manuais Compactos* constitui um instrumento valioso para estudo, pesquisa e consulta das mais variadas áreas do conhecimento humano.

Com linguagem acessível, cada livro da coleção contempla de forma concisa os conteúdos programáticos escolares que vigoram atualmente no Brasil, os quais foram distribuídos de modo equilibrado e objetivo, visando à aquisição, fixação ou ao aprofundamento dos conhecimentos e das informações apresentadas.

A seleção de textos e conteúdos levou em consideração, além da clareza e da correção, os pressupostos dos *Parâmetros Curriculares Nacionais, do Referencial Curricular Nacional*, além das matrizes curriculares do Saeb.

Visando à sistematização dos conhecimentos, no fi nal de cada capítulo são apresentados exercícios criteriosamente escolhidos que retomam o conteúdo, possibilitando a aplicação prática dos conceitos estudados.

Após a resolução dos exercícios, o leitor poderá conferir seu desempenho e avaliar seu nível de compreensão e dedução, consultando as respostas nas páginas fi nais de cada volume.

A *coleção* é rica em informações adicionais, apresentadas sob a forma de boxes informativos e legendas, propiciando uma formação ampla e introduzindo temas transversais e interdisciplinares que possibilitam ao leitor adquirir conhecimentos para além da área estudada.

Esperamos que este livro seja uma relevante ferramenta de favorecimento e apoio aos seus estudos e às suas pesquisas acadêmicas.

Os Editores.

SUMÁRIO

1 O início de tudo

> Por vezes sentimos que aquilo que fazemos não é senão uma gota de água no mar. Mas o mar seria menor se lhe faltasse uma gota.
>
> Madre Teresa de Calcutá

O planeta Terra

A Terra é um planeta que gira em torno do Sol; é o terceiro mais próximo dessa estrela e está situado entre os planetas Vênus e Marte.

Até o momento, a Terra é o único planeta em que se conhece a existência de vida, possível graças à posição em que se encontra em relação ao Sol: aproximadamente 149.600.000 quilômetros de distância.

Nesse sentido, sua posição é privilegiada, pois, se o planeta estivesse situado mais próximo do Sol, o calor não permitiria a vida humana; e se estivesse mais distante, não suportaríamos o frio.

NASA

O planeta Terra visto do espaço.

A água existente em nosso planeta (em torno de 70%) também o torna habitável. Além disso, a atmosfera terrestre protege contra impactos de meteoritos e possibilita a filtração dos raios solares que nos são prejudiciais.

A Terra está sempre em movimento, pois executa o movimento de rotação e o de translação.

O movimento de **rotação**, que faz a Terra girar de oeste para leste em torno de si mesma, isto é, do seu eixo, dura 23 horas, 56 minutos, 4 segundos e 9 centésimos. Esse movimento é responsável pela existência dos dias e das noites.

O movimento de **translação** permite uma volta completa em torno do Sol, que dura aproximadamente 365 dias e seis horas, ou seja, um ano, pois as quatro horas de defasagem são compensadas pela criação de anos bissextos, que ocorrem a cada quatro anos. Esse movimento faz com que a Terra apresente quatro estações: primavera, verão, outono e inverno.

Geograficamente, a parte sólida da Terra está dividida em continentes, denominados: Ásia, África, América, Antártida, Europa e Oceania.[1]

O planeta em que vivemos possui grande beleza pela variedade de sua flora, pela diversidade da fauna, pelos diferentes ambientes e pela enorme quantidade de água.

A criação

O ser humano, ao longo de sua história, sempre esteve instigado a investigar e descobrir a origem da Terra, dos seres vivos e a sua própria origem. Ao longo do tempo e nas mais diversas comunidades criaram-se explicações para o surgimento da Terra e dos humanos que nela habitam.

---

[1] **Continente** é uma grande massa de terra contínua cercada por águas oceânicas. Há divergências entre os geógrafos quanto à quantidade de continentes existente, por usarem diferentes critérios. Alguns consideram a existência de cinco continentes no globo terrestre: África, América (dividida em América do Norte, América Central, América do Sul), Antártida, Eurásia (composta da Europa e da Ásia) e Oceania. Outros defendem que há seis continentes: América do Sul, América do Norte, Austrália, Antártida, Eurásia e África. Finalmente, os que defendem sete continentes os classificam como América do Norte, América do Sul, Austrália, Antártida, Europa, África e Ásia.

A criação segundo os indígenas brasileiros

Os indígenas brasileiros, por exemplo, têm em sua rica cultura diversas lendas que explicam o surgimento e a existência dos mais variados elementos, seres e fenômenos da natureza.

Apesar de as lendas variarem de um para outro povo indígena, em todas elas há explicações para a criação do mundo e dos seres que o habitam e para os elementos e fenômenos que os acompanham.

Segundo uma dessas lendas, Tupã (o Deus maior e do Bem) criou o Universo cheio de beleza e perfeição. Encheu o vasto céu de estrelas luminosas. Colocou no infinito Iaci (ou Jaci), a Lua, para presidir a noite e suavizar a vida dos seres humanos. Também criou Guaraci, o Sol, que dá vida a todas as criaturas e preside o dia. Conforme a lenda, Tupã criou o homem e a mulher, os animais e os vegetais.

A criação na mitologia grega

Para os gregos antigos, o surgimento do Universo estava relacionado com a existência de divindades. Segundo as lendas da mitologia grega, no princípio, havia somente o grande Caos, a primeira divindade surgida no Universo.

Depois surgiu Gaia (a Terra), dando ao Caos um sentido, limitando-o espacialmente. Em seguida, surgiu a Noite e o Érebo (sombras).

Gaia, sozinha, gerou Urano (o Céu). Também sozinha, a Noite gerou o Dia.

Surgiu, então, Eros, o amor universal, que fez Gaia se apaixonar por Urano e gerar os primeiros deuses – seres gigantescos com força extrema chamados de Titãs – e também os Ciclopes, que eram deuses gigantes com um só olho na testa, todos violentos e destruidores.

Segundo a lenda, um dos filhos de Gaia e Urano, Cronos (o Tempo), revoltou-se contra seus irmãos e seu pai, castrando-o, para assim evitar o nascimento de mais irmãos destruidores. Com isso, a Terra e o Céu foram separados. Posteriormente, na Terra, viria a surgir o homem.

A criação segundo outros povos

Entre os hindus, Shiva, deus da destruição e regeneração, está ligado ao surgimento do mundo, pois foi ele quem o criou.

Os deuses mais conhecidos são os que, segundo a mitologia, moravam no Monte Olimpo (representado nesta ilustração) e que, sob a liderança de Zeus, se rebelaram contra os deuses antigos na busca de poder. Zeus era filho de Cronos e chefiou a rebelião da nova geração, tornando-se o mais poderoso dos deuses. Ele era considerado o pai de todos os outros deuses e dos homens, e, de acordo com a mitologia, o deus da ordem e da razão.

Para os astecas, o primeiro deus, Ometecuhtli (deus supremo), surgiu com aspecto feminino e masculino, gerando quatro filhos, os Tezcatlipocas, que disputavam o mundo, destruindo-o por quatro vezes. Ometecuhtli gerou então outro filho que por si criou o mundo e os seres humanos.

Todas essas explicações e tantas outras que existem são mitos criados pelos seres humanos, visando suprir a curiosidade quanto ao início da existência humana, pois este sempre foi um tema intrigante nutrido pela humanidade.

Os seres humanos mais remotos perguntavam-se como surgira o Universo, as pessoas e todas as coisas. Com o tempo, foram aparecendo mitos, que eram hipóteses para responder a esses questionamentos. Mais tarde, surgiu a ciência, que se tornou responsável por investigar e explicar os mais diversos fenômenos naturais.

Perguntas como "Por que chove?" ou "Por que existem terremotos?", além de uma infinidade de outras indagações, foram explicadas pelos cientistas, com o emprego de variadas ciências.

Para a ciência, o Universo surgiu a partir de uma expansão iniciada há aproximadamente 20 bilhões de anos. Essa teoria é chamada de **Big-Bang** e, por ela, inicialmente tudo que existe, no Universo, estava concentrado em uma situação de altíssimas densidade e temperatura; então, matéria e energia começaram a se expandir, resultando no Universo que conhecemos hoje. Essa expansão continua ocorrendo, e, desse modo, o Universo vai crescendo a cada dia.

De acordo com essa teoria, após 400 milhões de anos do início da expansão, formaram-se as galáxias e, logo depois, as estrelas. O Sol surgiu há aproximadamente 5 bilhões de anos, e o nosso planeta, há aproximadamente 4,6 bilhões de anos. A Terra localiza-se em uma galáxia espiral chamada Via Láctea, que por sua vez é constituída por aproximadamente 100 bilhões de estrelas.

A criação segundo a *Bíblia*

Diante da imensidão do Universo, ficamos ainda mais inquietos, pois percebemos a nossa insignificância e pequenez perante tudo isso.

NASA

O Universo

A ciência explicou diversos fenômenos que, no passado, eram inexplicáveis, mas ainda não conseguiu explicar com total satisfação a origem da vida na Terra. Também ainda não determinou com precisão o momento em que tudo surgiu.

Quanto mais se descobre, mais questionamentos surgem quanto à criação e ao início de tudo. No entanto, apesar da natural curiosidade humana, nem tudo pode ser conhecido e compreendido cientificamente. Por isso, todo esse mistério nos aproxima ainda mais de Deus.

Tudo nos leva a crer na existência de um ser superior a tudo e a todos, e que realmente seria o criador, como relata a *Bíblia*, um livro considerado sagrado pela maior parte das religiões e inspirado por Deus, também chamado de Javé (ou Jeová).

Na *Bíblia Sagrada*, é o Gênesis — primeiro livro do Velho Testamento — que explica o surgimento dos seres humanos na Terra:

> No princípio, criou Deus os céus e a terra.
>
> E a terra era sem forma e vazia; e havia trevas sobre a face do abismo; e o Espírito de Deus se movia sobre a face das águas.
>
> E disse Deus: Haja luz; e houve luz.
>
> E viu Deus que era boa a luz; e fez Deus separação entre a luz e as trevas.
>
> E Deus chamou à luz Dia; e às trevas chamou Noite. [...]
>
> E disse Deus: Ajuntem-se as águas debaixo dos céus num lugar; e apareça a porção seca.
>
> E chamou Deus à porção seca Terra; e ao ajuntamento das águas chamou Mares; e viu Deus que era bom.
>
> E disse Deus: Produza a terra erva verde, erva que dê semente, árvore frutífera que dê fruto segundo a sua espécie, cuja semente está nela sobre a terra; e assim foi.
>
> E a terra produziu erva, erva dando semente conforme a sua espécie, e a árvore frutífera, cuja semente está nela conforme a sua espécie; e viu Deus que era bom.
>
> [...]
>
> E disse Deus: Haja luminares na expansão dos céus, para haver separação entre o dia e a noite; e sejam eles para sinais e para tempos determinados e para dias e anos.
>
> E sejam para luminares na expansão dos céus, para iluminar a terra; e assim foi.
>
> E fez Deus os dois grandes luminares: o luminar maior para governar o dia, e o luminar menor para governar a noite; e fez as estrelas.
>
> E Deus os pôs na expansão dos céus para iluminar a terra,
>
> E para governar o dia e a noite, e para fazer separação entre a luz e as trevas; e viu Deus que era bom. [...]

E disse Deus: Produzam as águas abundantemente répteis de alma vivente; e voem as aves sobre a face da expansão dos céus.

E Deus criou as grandes baleias, e todo o réptil de alma vivente que as águas abundantemente produziram conforme as suas espécies; e toda a ave de asas conforme a sua espécie; e viu Deus que era bom.

E Deus os abençoou, dizendo: Frutificai e multiplicai-vos, e enchei as águas nos mares; e as aves se multipliquem na terra. [...]

E disse Deus: Produza a terra alma vivente conforme a sua espécie; gado, e répteis e feras da terra, conforme a sua espécie; e assim foi.

E fez Deus as feras da terra conforme a sua espécie, e o gado conforme a sua espécie, e todo o réptil da terra conforme a sua espécie; e viu Deus que era bom.

E disse Deus: Façamos o homem à nossa imagem, conforme a nossa semelhança; e domine sobre os peixes do mar, e sobre as aves dos céus, e sobre o gado, e sobre toda a terra, e sobre todo o réptil que se move sobre a terra.

E criou Deus o homem à sua imagem: à imagem de Deus o criou; homem e mulher os criou.

E Deus os abençoou, e Deus lhes disse: Frutificai e multiplicai-vos, e enchei a terra, e sujeitai-a; e dominai sobre os peixes do mar e sobre as aves dos céus, e sobre todo o animal que se move sobre a terra.

E disse Deus: Eis que vos tenho dado toda a erva que dê semente, que está sobre a face de toda a terra; e toda a árvore, em que há fruto que dê semente, ser-vos-á para mantimento.

E a todo o animal da terra, e a toda a ave dos céus, e a todo o réptil da terra, em que há alma vivente, toda a erva verde será para mantimento; e assim foi.

E viu Deus tudo quanto tinha feito, e eis que era muito bom.

Bíblia Sagrada. Gênesis, capítulo 1, versículos 1 a 31.

Saiba +

Library of Congress

A *Bíblia de Gutenberg*.

A palavra *Bíblia* deriva do grego biblos e significa *livros*. Ela contém as escrituras sagradas, consideradas inspiradas por Deus. A *Bíblia* está organizada em dois grandes conjuntos de livros chamados de Antigo Testamento (39 livros) e Novo Testamento (27 livros).

O Antigo Testamento é fruto da longa experiência religiosa do povo de Israel e o Novo Testamento é a parte da *Bíblia* que narra o nascimento, a vida e o ministério de Jesus Cristo e dos seus principais seguidores. A partir de Jesus surge o cristianismo.

Atualmente, cristianismo é considerado o conjunto de religiões cristãs, que se baseiam na vida e nos ensinamentos de Jesus Cristo, seu criador e representante maior.

Para os cristãos, a *Bíblia* é a palavra de Deus e nela há respostas para todas os problemas enfrentados pelos seres humanos, bem como princípios e normas de moral e ética.

Para alguns cientistas, a *Bíblia* é apenas um relevante livro histórico, narrado sob a perspectiva da fé. No entanto, diversas passagens bíblicas tem sido de enorme importância para investigação e descobertas arqueológicas e científicas.

Bíblia e ciência

A fé e a ciência não são opostas, porém, são modos diferentes de analisar e explicar as coisas. A ciência, apesar de toda sua evolução, não conseguiu responder a todos os anseios e inquietudes dos humanos em relação à sua origem, pois suas explicações são ainda muito limitadas, atingindo um ponto a partir do qual não se consegue explicar.

Na *Bíblia*, não encontraremos explicações científicas sobre a origem humana, mas a fé nos leva a acreditar em um Deus criador de tudo o que conhecemos, nos leva a acreditar que tamanhas ordem e beleza vistas no planeta Terra foram imaginadas, idealizadas por um criador, que também concebeu os seres humanos para viverem em paz e felizes neste imenso planeta. O livro do profeta Isaías, na *Bíblia Sagrada*, reforça o fato de Deus ser o criador de todas as coisas:

> Assim diz o Senhor, [...] Eu fiz a Terra e criei nela o homem; eu o fiz; as minhas mãos estenderam os céus e a todos os seus exércitos dei as minhas ordens. [...]
>
> Porque assim diz o Senhor que tem criado os céus, o Deus que formou a terra e a fez; ele a estabeleceu, não a criou vazia, mas a formou para que fosse habitada: "Eu sou o Senhor, e não há outro".
>
> *Bíblia Sagrada*. Isaías, capítulo 45, versículos 11, 12 e 18.

Este texto, publicado no jornal *Folha de S.Paulo*, trata da preocupação humana em entender a criação do Universo e a sua própria origem. Leia-o.

Origem do mundo sempre preocupou o homem

Explicar a criação do Universo sempre foi um desejo do homem. Todas as religiões apresentam versões deste mistério, mais ou menos reconfortantes. Outra maneira de saciar a curiosidade humana é através da ciência, que usa métodos diferentes para conseguir este objetivo.

As crenças religiosas têm base em dogmas e na autoridade divina ou de seus representantes na Terra. As crenças científicas são de outro tipo. Como diz o filósofo e matemático inglês Bertrand Russell (1872-1970): "não é aquilo em que o homem de ciência acredita que o distingue, mas sim o como e o porquê de suas crenças".

A visão científica do Universo evoluiu lentamente, num processo de tentativa e erro. A Astronomia teve grande evolução na antiguidade, especialmente entre os gregos.

Havia uma grande diversidade de teorias. Um astrônomo, Aristarco de Samos (que viveu aproximadamente entre 310-230 a.C.), antecipou a hipótese de que os planetas giram em torno do Sol e que a Terra gira sobre seu próprio eixo. A hipótese foi rejeitada pela maioria dos astrônomos da época, porém, as visões de outro astrônomo grego, Ptolomeu (século 2 a.C.), foram aceitas por mais de 1400 anos. Para ele, a Terra era o centro do Universo e os corpos celestes se moviam em movimentos circulares e uniformes.

As pesquisas de Nicolau Copérnico (1473-1543), Johanes Kepk (1571-1630), Tycho Brahe (1554-1601) e Galileu Galilei (1564-1642), entre outros, mudaram a visão de mundo, colocando o Sol no centro do sistema planetário. Com o progresso da investigação astronômica, nosso Sistema Solar perdeu mais ainda da importância que tinha aos olhos dos antigos. O Sol é uma pequena estrela de uma galáxia que comporta inúmeras estrelas, de um Universo com inúmeras galáxias.

A humanidade acreditou por muito tempo que estava no centro do Universo. Hoje em dia, sabemos que o universo não tem um centro.

Folha de S.Paulo, 20 abril 1981.

Consciência ecológica

A Terra é a nossa casa, assim, quando a poluímos e devastamos, estamos automaticamente nos prejudicando, pois precisamos dela para sobreviver.

A preocupação com o ambiente é vital, posto que a natureza precisa ser preservada para garantir a sobrevivência dos seres vivos no planeta. Ao longo da história da humanidade, a Terra tem sido degradada.

Cores do Brasil/centralx.com

Cachoeira do Parque Estadual de Ibitipoca, em Minas Gerais.

As diversas religiões existentes no mundo também se preocupam com o ambiente e com a preservação da natureza, pois acreditam que cuidar do planeta é uma forma de valorizar a vida e respeitar o que o Criador fez e nos deu: a natureza e o ambiente que compõem a Terra, a nossa casa.

Atualmente, são diversos os problemas ambientais enfrentados por pessoas nas mais variadas regiões do planeta. Tais como:

- **Chuvas ácidas**: São chuvas que apresentam grande quantidade de concentração de ácidos dissolvidos, provenientes da atmosfera contaminada por compostos de óxidos de enxofre e nitrogênio. As chuvas ácidas contaminam as lavouras, destroem a cobertura florestal e alteram a composição do solo e das águas.
- **Poluição do ar**: ocorrem pela queima de combustíveis fósseis como o petróleo e o carvão, que são expelidos principalmente pelos motores de carros e caminhões, e também pela atividade industrial.
- **Buraco na camada de ozônio**: o ozônio é um gás que existe em toda a nossa atmosfera, porém fica mais concentrado entre 15 e 30 quilômetros acima da superfície terrestre, ou seja, na estratosfera. A função do ozônio é proteger a superfície da Terra dos raios

ultravioleta, que são prejudiciais à saúde. Nos últimos anos, a quantidade de ozônio vem diminuindo em decorrência da emissão de poluentes atmosféricos produzidos pelas indústrias, além de uma substância química chamada CFC (clorofluorcarboneto), que tem o cloro como um de seus componentes e destrói as moléculas da camada de ozônio.

- **Devastação das florestas**: a exploração de madeira e as queimadas levam à devastação das florestas e colocam em risco as regiões úmidas da Terra, que são as responsáveis pelo fluxo de rios e abastecimento dos depósitos subterrâneos de água.

Photodisc

Desmatamento ocorrido em área da Floresta Amazônica.

Saiba +

O problema ambiental é tão ameaçador para o futuro da humanidade que a Organização das Nações Unidas (ONU) aprovou em 14 de março de 2000 a *Carta da Terra*, com o objetivo de promover a harmonia entre o meio ambiente e os seres humanos.

No final deste livro, página 170, reproduzimos os princípios desta Carta.

TESTE SEU SABER

1. A *Bíblia Sagrada* está organizada em dois grandes conjuntos de livros. São eles:

a) Gênesis e Isaías
b) Evangelho e Gênesis
c) Antigo Testamento e Novo Testamento
d) Antigo Testamento e Novos Evangelhos
e) Novo Testamento e Antigos Evangelhos

2. Segundo o Gênesis, o Criador de todas as coisas é:

a) Tupã b) Gaia c) Shiva
d) Deus e) Big-Bang

3. Assinale a alternativa verdadeira.

a) Para os astecas, Shiva é o deus da destruição e da regeneração.
b) Para os gregos antigos, Javé criou a Terra e os seres humanos que a habitam.
c) Para os indígenas, Tupã criou a Terra e os seres humanos.
d) Apenas a mitologia indígena tem explicações para a criação do mundo.
e) Para os gregos da Antiguidade, Tupã era o criador da Terra.

4. (Unioeste-PR) Leia este texto:

O Céu, Urano, e a Terra, Gaia, surgiram do nada. Da sua união nasceram os Titãs e os Ciclopes. O mais jovem dos Titãs, Cronos, destituiu seu pai. E para que ele mesmo não fosse destituído, passou a devorar seus filhos, os deuses. Então sua esposa, Reia, para salvar Zeus, o último recém-nascido, substituiu-o por uma pedra que foi devorada por Cronos; e escondeu o filho em uma caverna, em Creta. Quando cresceu, Zeus obrigou seu pai a devolver todos os filhos que havia comido; e com a ajuda deles, encarcerou Cronos e seus aliados Titãs no inferno.

Arruda, 1986.

A partir desse texto, podemos afirmar que:

a) os Titãs e os Ciclopes nasceram da união entre o Céu e a Terra.
b) Cronos lutou contra o Céu e perdeu a batalha.
c) o mais jovem dos Ciclopes destituiu seu pai Cronos e tomou-lhe o lugar.
d) Zeus era o filho de um dos Ciclopes e neto de Urano.
e) Reia era a mãe de Gaia, que escondeu seu filho em uma caverna para que não fosse devorado pelo pai.

5. Segundo a mitologia grega, o surgimento do Universo está relacionado à primeira divindade, que é:

a) Érebo b) Urano c) Gaia
d) Caos e) Eros

6. **Sobre o livro sagrado do cristianismo, a *Bíblia*, é correto afirmar:**

a) Apenas os livros bíblicos que contêm os ensinamentos de Jesus são considerados inspirados por Deus.
b) Na *Bíblia*, econtramos explicações científicas sobre a origem humana.
c) Todos os livros da *Bíblia* se baseiam nos ensinamentos e no ministério de Jesus na Terra.
d) A comunidade científica considera a *Bíblia* um importante livro científico.
e) Para os cristãos, todos os livros da *Bíblia* foram inspirados por Deus.

7. **Sob forte consciência ecológica quanto aos problemas ambientais da atualidade, que documento foi aprovado pela Organização das Nações Unidas em março de 2000?**

a) *Carta do Meio Ambiente*
b) *Direitos Universais do Homem*
c) *Carta da Terra*
d) *Tratado da Amazônia*
e) *Tratado da Terra*

8. **(Concurso SSP-SP) Sobre os movimentos da Terra é incorreto afirmar:**

a) os diferentes horários da Terra são consequência do movimento de rotação.
b) os dias e as noites são consequência do movimento de translação.
c) o movimento de rotação é o giro que a Terra faz ao redor de seu próprio eixo.
d) o tempo necessário para a Terra completar o movimento de translação é de aproximadamente 365 dias e 6 horas.

9. **Segundo o relato da criação no livro de Gênesis, na *Bíblia*, Deus criou o homem a sua imagem e semelhança com a finalidade de:**

a) o homem ser colaborador do próprio Deus na criação do mundo.
b) o homem ser um indivíduo apenas espiritual.
c) o homem ser possuidor de inteligência, mas sem vontade própria.
d) o homem dominar sobre todos os outros seres viventes existentes.
e) o homem ser o criador da primeira mulher, Eva.

10. **Em relação à fé — baseada nos relatos bíblicos — e à ciência, é possível afirmar que:**

a) a ciência explica a criação humana a partir do relato bíblico.
b) a *Bíblia* contém diversos relatos científicos que comprovam a criação do homem e do Universo.
c) os relatos bíblicos da criação estão afinados com as teses científicas da teoria da evolução humana.
d) as explicações científicas quanto à origem da humanidade já foram esgotadas, tendo a ciência comprovado todos os fatos em relação a esse assunto.
e) fé e ciência são modos diferentes de analisar e explicar os fenômenos; elas se complementam e se completam.

Descomplicando o ensino religioso

Leia este texto:

Assessor da CNBB diz que evolução dos seres vivos é aceita pela Igreja

O padre Giuseppe Leonardi, paleontólogo e assessor nacional da Pastoral Universitária da Conferência Nacional dos Bispos do Brasil (CNBB), disse anteontem, em Itaici (município de Indaiatuba, 99 km a noroeste de São Paulo), que "a evolução biológica e o conceito mais amplo da evolução de toda a realidade — Universo, Sistema Solar, planeta Terra, vida e cultura — são hoje tranquilamente aceitos pela Igreja Católica e na maioria das igrejas evangélicas históricas".

Ele acrescentou ainda que "o problema do criacionismo[2] ocorre nas igrejas crentes, mais recentes, que são fundamentalistas e maximalistas e que, por ignorância de interpretação da Bíblia, leem o texto bíblico literalmente, desencarnando-o totalmente de sua língua e de sua cultura, sem entendê-lo, apesar de cultuá-lo.

Para o padre Leonardi, "há uma grande diferença entre a fé no Deus criador e o criacionismo. A fé é sobrenatural, um dom de Deus, e pode combinar perfeitamente com a aceitação da evolução biológica, em que se vê o processo grandioso por meio do qual Deus criou a vida, dando à matéria a capacidade de evoluir através das eras. O processo evolutivo aconteceu e acontece nas mãos de Deus, como sinal de sua vida e espelho de seu dinamismo".

Folha de S.Paulo, 3 maio 1987.

Segundo o padre Giuseppe Leonardi, o criacionismo é um problema nas igrejas crentes mais recentes. Qual o motivo desse problema?

Resolução e comentários

De acordo com o padre, essas igrejas interpretam a *Bíblia* literalmente, isto é, ao pé da letra e não conforme a língua, os hábitos e a cultura da época em que foi escrita ou das comunidades a que ela se refere.

É importante notar que subjacente a essa afirmação, há uma oposição, proposta pelo padre, entre as igrejas evangélicas históricas (ou tradicionais) e as igrejas evangélicas surgidas mais recentemente. Para ele, as igrejas evangélicas históricas aceitam a teoria da evolução biológica em detrimento às igrejas não-históricas; as ramificações surgidas mais recentemente das tradicionais igrejas evangélicas.

2 Criacionismo é uma doutrina que acredita que Deus criou o mundo a partir do nada, baseando-se nas escrituras bíblicas. Os adeptos dessa doutrina são contrários às teorias científicas como a da evolução humana.

2 O sagrado na vida humana

Pouca ciência afasta de Deus.
Muita, a ela reconduz.

Louis Pasteur

Transcendência

Transcendência é a capacidade de superar os limites normais e pode ser atribuída a entes de diversas naturezas. Deus, por exemplo, é transcendente, pois tem a condição espiritual de ente exterior e superior ao mundo e à realidade humana.

Por outro lado, os seres humanos também buscam a transcendência, quando tentam superar a barreira do desconhecido.

Na busca de sobreviver e dar significação para sua existência ao longo da história, o ser humano desenvolve as mais variadas formas de relacionamento com a natureza, com a sociedade e com o Transcendente, na tentativa de superação da sua provisoriedade, limitação, ou seja, sua finitude. [...]

Quem sou? De onde vim? Para onde vou?

Perante essas indagações, o ser humano desenvolve conhecimentos que lhe possibilitam interferir no meio e em si próprio. O conjunto dessas suas atividades e conhecimentos representa um ser humano dotado de um outro nível de relações: a Transcendência. Por isso, essa capacidade inerente ao ser possibilita-lhe integrar em seu âmbito tudo o que lhe é exterior, deparar-se com problemas e rebelar-se contra eles numa ação fundada não em seus limites mas nas possibilidades que percebe. Recusando-se a encarar o desconhecido como barreira definitiva, transforma-o em projeto. E ao se perceber ameaçado pela natureza, sobrevive mediante a produção da cultura.

Cada cultura tem, em sua estruturação e manutenção, o substrato religioso que a caracteriza. Este o unifica à vida coletiva diante de seus desafios e conflitos.

Desse modo, a ação humana consiste em tornar a Transcendência sua companheira de todas as etapas de aventura como origem de projetos, enquanto desejo e utopia. A recusa à Transcendência é trágica para o ser humano, pois o torna resignado em sua mediocridade.

Assim, na raiz de toda criação cultural está a Transcendência, resultando daí um processo ininterrupto de ocultamento — desvelamento: quanto mais a cultura ilumina o desconhecido mais este insiste em continuar a se manifestar, exigindo novas decifrações.

Fórum Permanente do Ensino Religioso. *Parâmetros Curriculares Nacionais: Ensino Religioso*. São Paulo: AM Edições, 1997.

Como se sabe, o ser humano é questionador por natureza, sobretudo no que diz respeito à sua origem, à sua criação e à existência no mundo.

As religiões procuram responder a esses questionamentos, posto que, de modo geral, é somente no Transcendente e sobrenatural, a quem chamamos de Deus, que os seres humanos encontram respostas para a inquietação propiciada pela sua inerente curiosidade quanto à criação humana e também quanto a outros questionamentos, como, por exemplo, "Quem é o Criador?"; "De onde surgiu?".

Nesse sentido, cada cultura religiosa busca responder não apenas quanto à origem humana na Terra mas também quanto à origem do Criador.

Para as religiões **politeístas** (crença em vários deuses simultaneamente), os deuses nasceram em um determinado momento, portanto, não são eternos e, assim como os seres humanos, também apresentam defeitos, e não são onipotentes. Como exemplo, podemos citar as crenças dos antigos egípcios, dos maias e dos astecas, a mitologia grega, a mitologia nórdica[3] e o xintoísmo.[4]

As religiões **panteístas** identificam Deus com o Universo, ou seja, Deus está em tudo e é o próprio mundo. Para essas religiões, todos os elementos naturais são divinizados.

São exemplos de religião panteísta: **xamanismo** — religião baseada na crença de espíritos bons ou maus, guiados pelos xamãs (uma espécie de sacerdote), **céltica** — religião politeísta com características animistas, que atribuem alma a todos os seres vivos, **druidas** — doutrina baseada na natureza e no animismo, sendo os druidas sacerdotes intermediários entre homens e deuses. E também silvícolas, amazônicas, africanas e as religiões dos indígenas norte-americanos.

---

3 A mitologia nórdica é o conjunto de crenças e histórias compartilhadas por povos escandinavos, que vivem no norte da Europa, atual Suécia, Noruega e Dinamarca.

4 O xintoísmo é a religião tradicional do Japão, tendo como característica a harmonia entre o homem e a natureza.

Nas religiões **monoteístas** (crença em um só Deus), como o judaísmo, o cristianismo e o islamismo, Deus é único, apresentado como um ser supremo, infinito e perfeito, criador dos seres humanos, do Universo e de tudo que nele existe. Ele é o princípio, o meio e o fim de tudo. Deus é onipotente, pois tem poder absoluto sobre tudo; é onisciente, pois sabe de tudo, e é onipresente, pois pode estar em todos os lugares ao mesmo tempo.

No cristianismo, o livro sagrado é a *Bíblia*, no islamismo é o *Alcorão* e no judaísmo é o Velho Testamento, uma das partes da *Bíblia*, especificamente o Pentateuco ou *Torá*, constituído pelos cinco primeiros livros da *Bíblia*: Gênesis, Êxodo, Levítico, Números e Deuteronômio.

O islamismo, o cristianismo e o judaísmo são religiões proféticas, porque a palavra de Deus foi revelada por meio dos profetas.

Enfim, a existência de Deus tem sido motivo, há vários séculos, de acirradas discussões e teorias. Tais especulações apresentam teorias que vão desde a hipótese de que Deus é um ser de outro planeta até a ideia de que ele é uma criação imaginária dos seres humanos para explicar o mistério e a angústia que nos cercam, em relação à nossa existência.

Leia a seguir um trecho da obra *A suma teológica*, escrita pelo italiano São Tomás de Aquino (1225-1274), um dos principais teólogos da época medieval e da história da filosofia cristã.

Sobre a existência de Deus, três questões se colocam:

1. — A existência de Deus é uma verdade evidente?

2. — Ela pode ser demonstrada?

3. — Deus existe?

1. Parece que a existência de Deus é evidente. Com efeito, chamamos verdades evidentes aquelas cujo conhecimento está em nós naturalmente, como é o caso dos primeiros princípios. Ora, de acordo com o que diz Damasceno: "O conhecimento da existência de Deus é inato em todos". Por conseguinte, a existência de Deus é evidente.

2. Por outro lado, são ditas evidentes as verdades que conhecemos desde que compreendamos os termos que as exprimem. É o que o filósofo atribui aos primeiros princípios da demonstração. De fato, quando sabemos o significado do todo e o significado da parte, sabemos de imediato que o todo é maior que a parte. Ora, desde que tenhamos compreendido o sentido da palavra "Deus", estabelece-se, de imediato, que Deus existe. De fato, essa palavra designa uma coisa de tal ordem que não podemos conceber algo que lhe seja maior. Ora, o que existe na realidade e no pensamento é maior do que o que existe apenas no pensamento. Daí resulta que o objeto designado pela palavra Deus, que existe no pensamento, desde que se compreenda a palavra, também existe na realidade. Por conseguinte, a existência de Deus é evidente.

3. Além disso, a existência da verdade é evidente. Pois, aquele que nega a existência da verdade, concorda que a verdade não existe. Mas se a verdade não existe, a não-existência da verdade é uma afirmação verdadeira. E se alguma coisa há de verdadeira, a verdade existe. Ora, Deus é a própria verdade, segundo o que diz São João 14-6: "Eu sou o caminho, a verdade e a vida". Por conseguinte, a existência de Deus é evidente.

São Tomás de Aquino. *A suma teológica.*

Musée du Louvre, Paris

O pensamento de Tomás de Aquino teve grande importância no final da Idade Média.

Na *Bíblia*, existem diversas citações acerca da existência de Deus, dentre elas:

"Assim diz o Senhor, Rei de Israel e seu Redentor, o Senhor dos Exércitos: Eu sou o primeiro e eu sou o último, e fora de mim não há Deus".

Bíblia Sagrada. Isaías, capítulo 44, versículo 5.

"Porque, ainda que haja também alguns que se chamem deuses, quer no céu, quer na terra, todavia, para nós há um só Deus, o Pai, de quem é tudo e para quem nós vivemos; e um só Senhor, Jesus Cristo, pelo qual são todas as coisas, e nós por ele".

Bíblia Sagrada. I Coríntios, capítulo 8, versículos 5-6.

Alguns cientistas também levantam questionamentos acerca do Transcendente, acerca do Criador, como nos trechos a seguir:

"Do meu telescópio, eu via Deus caminhar! A maravilhosa disposição e harmonia do universo só pode ter tido origem segundo o plano de um Ser que tudo sabe e tudo pode. Isto fica sendo a minha última e mais elevada descoberta".

Isaac Newton

Coleção particular

O físico inglês Isaac Newton.

"A ciência humana de maneira nenhuma nega a existência de Deus. Quando considero quantas e quão maravilhosas coisas o homem compreende, pesquisa e consegue realizar, então reconheço claramente que o espírito humano é obra de Deus, e a mais notável."

Galileu Galilei

Galleria degli Uffizi, Florença

O pensamento de Galileu entrou em conflito com a visão do funcionamento do Universo proposta pela Igreja.

"Por maiores que fossem as crises pelas quais passei, nunca desci até o ateísmo, no verdadeiro sentido do termo, isto é, nunca cheguei a negar a existência de Deus. A impossibilidade de imaginar este grande e maravilhoso Universo como obra do acaso é, a meu ver, o argumento principal que prova a existência de Deus. Refletindo, sou forçado a admitir uma causa primeira, um espírito inteligente, sob certos aspectos semelhante ao homem."

Charles Darwin

Down House, Kent

Charles Darwin e sua teoria da evolução colocou em xeque alguns dos dogmas da Igreja sobre o surgimento da vida.

Alguns cientistas, ao tentar explicar o mistério da criação humana, bem como a origem do Universo e da Terra, acabam concluindo que deve realmente existir um Criador primeiro, alguém que colocou ordem e beleza em tudo.

As várias religiões existentes têm sua forma de buscar o Transcendente. As religiões pretendem levar as pessoas a descobrir os caminhos para alcançar a transcendência. Nesse sentido, o proselitismo, que é o empenho, a insistência (muitas vezes até como uma forma de fanatismo) em converter as pessoas para uma determinada crença ou religião, não é correto, pois cada um deve seguir a religião que desejar.

A maior parte das religiões procura explicar a existência de Deus e objetiva promover o encontro da criatura com o Criador. O religioso *Santo Agostinho* (354-430 d.C.) dizia que o ser humano, apesar de ser pecador, de possuir a soberba e de ser mortal, deseja estar com Deus, pois foi feito para ele, daí resultando toda a inquietude humana. Segundo esse importante filósofo, bispo e teólogo católico, mesmo tendo sido feito para Deus, o ser humano se afastou dele ao pecar; assim, passou a ser carente de Deus e, ao mesmo tempo, quer unir-se a Ele.

Para os que creem, é possível perceber a presença e a existência de Deus na vida, na natureza, no nascimento de uma criança e, sobretudo, no amor. Segundo a *Bíblia*, Deus é puro amor.

O amor sem limites, incondicional e central na vida humana conduz ao encontro com Deus, pois é somente através do amor, da fraternidade, da solidariedade e da convivência harmônica com o semelhante que se chega ao sagrado, ao Transcendente.

O divino e a religião

Desde os tempos mais longínquos, em todas as épocas, em todos os povos, sempre existiu a crença em algo divino, a fé em um ser superior.

Já na Pré-história, período que antecede a invenção da escrita, as pessoas começaram a congregar-se em torno de um pensamento religioso, passando a adorar os deuses ou entidades.

Os antigos egípcios, na Antiguidade, período que compreende desde a invenção da escrita, aproximadamente 4000 a.C., até o século V, constituíam uma civilização na qual o culto aos deuses era extremamente importante. Nessa sociedade, até mesmo o faraó, seu governante maior, era visto como uma espécie de deus.

Durante a Idade Média, século V ao XV, o teocentrismo[5] era a medida de todas as coisas, de todas as relações e instituições sociais.

zhu difeng / Shutter Stock

Estátua de pedra calcária do faraó Ramsés II, encontrada em Luxor.

Ao longo da história da humanidade, sempre houve diferentes e variadas manifestações de substratos religiosos, consideradas vitais para os seres humanos.

A religião, ou o pensamento religioso, concretizou-se na Polinésia, Europa, América, Índia, enfim, por todos os cantos do mundo. Onde quer que tenha existido ou existam povos, existiu, existe e existirá religião.

O ser humano naturalmente busca Deus; busca respostas às suas dúvidas através do que é sagrado. Por natureza, os humanos são seres religiosos.

Religião

Religião é uma palavra derivada do latim *religare*, que significa *religar*, ou seja, *religar* o ser humano a Deus. É também um sistema solidário de crenças e de práticas que se ligam às coisas sagradas.

5 O teocentrismo considera Deus como o centro de todas as coisas, o centro do Universo.

Muitas são as formas de definir religião, porém todas remetem à ideia de encontro com o sagrado, dando sentido à vida.

Do mesmo modo, há no mundo diversas religiões. Cada uma adota seus próprios rituais e celebração e tem doutrinas, símbolos e crenças próprias. Mas, apesar dessas diferenças, de modo geral, as religiões objetivam orientar moralmente o ser humano, religando-o ao Criador.

Em decorrência do grande número de religiões, o **sincretismo** religioso acabou se tornando comum. Esse termo é usado, normalmente, para designar o cruzamento religioso que surge quando ocorre a fusão de duas ou mais crenças religiosas. No Brasil, por exemplo, ocorreu a fusão das religiões africanas, europeias e ameríndias[6].

A religião busca responder perguntas como: Qual é o sentido da vida? De onde viemos? Por que existimos?

Ao encontrar respostas para perguntas tão angustiantes, o ser humano sente-se mais aliviado e confortado. Nesse sentido, a religião consegue resolver assuntos existenciais primordiais para milhões de pessoas.

A religião busca confortar e alimentar a alma, imprimindo-lhe esperança, paz e fortalecimento, fazendo com que a vida humana tenha sentido.

No tempo atual, o mundo está globalizado e imperam a tecnologia e a ciência. Vivemos a era dos computadores, dos jogos eletrônicos, da clonagem e de outras modernidades. É também a era da violência e do terrorismo, na qual predomina o medo de outro ser humano.

Em meio a tudo isso, parece não haver espaço para a religião, para Deus, para a fé. Contudo, por maior que seja a tecnologia, por mais avançada que esteja a ciência, sempre haverá espaço para a religião.

Por mais que se tente, não é possível dissociar o ser humano do divino, do sagrado. Além disso, a ciência e a racionalidade não conseguiram responder plenamente aos anseios humanos, não trouxeram a paz almejada. Ela tem sido alcançada por meio da religião.

Desse modo, a religião se mostra fundamental ao seres humanos, pois alimenta a alma. No entanto, é preciso cuidados ao escolher

[6] Refere-se à religião dos nativos do continente americano em substituição à palavra indígena.

uma religião para seguir. Existem inúmeras seitas com objetivos não muito aceitáveis, e que pode levar à alienação religiosa. No entanto, a diversidade religiosa deve ser respeitada, pois todas as formas de manifestação nesse sentido visam o bem do ser humano e buscam a paz espiritual.

Muitas vezes, a intolerância religiosa mascara outras formas de discriminação, como é o caso do antissemitismo, que é uma depreciação, uma aversão cultural, étnica e social ao povo judeu.

A busca do sagrado através da religião deve conduzir à paz, à felicidade e à visão de que todos somos iguais perante o Criador.

1. (Concurso Prefeitura Laranjal do Jari-AP) Leia o texto e responda.

As religiões panteístas são as mais antigas, dominando em sociedades menores e mais "primitivas". Tanto nos primórdios da civilização mesopotâmica, europeia e asiática, quanto nas culturas das Américas, África e Oceania. As religiões politeístas por vezes se confundem com as panteístas, mas surgem num estágio posterior do desenvolvimento de uma cultura. Quanto mais a sociedade se torna complexa, mais o panteísmo vai se tornando politeísmo. As monoteístas são mais recentes, e atualmente as mais disseminadas, o monoteísmo quantitativamente ainda domina mais de metade da humanidade. As religiões ateístas negam a existência de um ser supremo central, embora possam admitir a existência de entidades espirituais diversas.

Para as religiões panteísta, politeístas, monoteístas e ateísta, respectivamente, a concepção de Deus é:

I. Deus é plural, Deus é tudo, Deus é nada, Deus é um.
II. Deus é nada, Deus é um, Deus é tudo, Deus é nada.
III. Deus é um, Deus é nada, Deus é plural, Deus é tudo.
IV. Deus é tudo, Deus é plural, Deus é um, Deus é nada.
V. Deus é plural, Deus é onipresente, Deus é nada, Deus é tudo.

Está(ão) correta(s) a(s) alternativa(s):

a) apenas I
b) apenas II
c) apenas III
d) I, II, III e IV
e) apenas IV

2. **O que é sincretismo religioso?**

a) Mescla de doutrinas filosóficas a doutrinas religiosas.
b) É o mesmo que puritanismo religioso.
c) São os ensinamentos de Jesus durante sua passagem pela Terra.
d) Mescla de crenças religiosas.
e) São os ensinamentos e mandamentos dados por Deus ao povo israelita.

3. **(UFSC) De forma geral, observa-se que cada religião possui sua teologia e esta é repassada aos fiéis de um modo organizado e sistematizado, geralmente através de textos sagrados. Marque a alternativa que indica corretamente quais são as três maiores religiões monoteístas no mundo e quais os seus textos sagrados.**

a) judaísmo / *Torá*; cristianismo / *Bíblia*; islamismo / *Alcorão*
b) budismo / *Conjunto de filosofias*; islamismo / *Alcorão*; hinduísmo / *Escrituras Védicas*
c) taoísmo / *Livro da Lei do Universo e sua virtude*; confucionismo / *Pensamentos de Confúcio*; xintoísmo / *Kojiki*
d) budismo / *Conjunto de filosofias*; cristianismo / *Bíblia*; judaísmo / *Torá*
e) taoísmo / *Livro da Lei do Universo e sua virtude*; hinduísmo / *Escrituras Védicas*; islamismo / *Alcorão*

4. O autor de *A suma teológica* é:

a) Dom Helder Câmara
b) Santo Agostinho
c) São Tomás de Aquino
d) Madre Teresa de Calcutá
e) Irmã Dulce

5. (UFSC) A partir das ciências da religião, existe uma classificação das religiões. Assim, assinale a alternativa que identifica **corretamente** as religiões proféticas.

a) judaísmo, islamismo, cristianismo.
b) taoísmo, budismo, cristianismo.
c) induísmo, confucionismo, islamismo.
d) jainismo, budismo, taoísmo.
e) cristianismo, confucionismo, xintoísmo.

(UFSC) Leia o texto a seguir para responder às questões 6 e 7.

Fé pelo celular

Talvez um dia os historiadores dividam a história da expansão religiosa entre antes e depois da moderna tecnologia da informação. Na internet, segundo as pesquisas, a religião figura como um dos três assuntos mais procurados. Agora, são os telefones celulares que dão maior velocidade ao relacionamento entre a fé e o fiel. Adeptos das maiores religiões já contam com serviços de mensagens de catequese via celular, seja através de parcerias com operadoras locais de cada país, seja pelos recursos do próprio aparelho. Na tela minúscula, os cristãos podem refletir com os sermões e os discursos do papa João Paulo II ou com trechos do Novo Testamento. Os muçulmanos contam com aparelhos capazes de apontar a direção em que se encontra a cidade santa de Meca, convocando o fiel a fazer suas orações nos horários corretos e exibindo na tela os textos do Corão. Já na Índia, a operadora BPMobile permite que os usuários, utilizando tecnologia SMS, mandem orações a um templo em Bombaim — lá, elas são oferecidas ao deus Ganesh.

Revista *Veja*. 8 set. 2004, p. 135.

6. (UFSC) Conforme o texto, observamos que existe uma busca interminável do homem pela religião. Indique qual fator gera esta busca, assinalando a alternativa correta.

a) A espiritualidade do homem a partir dos ritos o leva à religião.
b) Esta busca é gerada pela tradição religiosa de cada indivíduo.
c) A tecnologia gera esta necessidade de estar em relação com o sagrado.
d) O ser humano necessita de uma relação contínua com o próximo.
e) O desejo de entender e explicitar o transcendente torna o ser humano religioso.

7. (UFSC) Identificamos, neste texto, uma abertura das religiões indicadas para milhares ou milhões de pessoas que possuem acesso às tecnologias apontadas. Diante disso, existe uma grande possibilidade da ocorrência do proselitismo. O que significa *proselitismo*? Assinale a alternativa **correta**.
   a) Transmigração da alma, renascimento ou metempsicose.
   b) O maior número, o geral, mais de um grande número.
   c) Conseguir adeptos para serem convertidos a uma outra religião, crença ou doutrina.
   d) Conceito e gênero literário muito estudado pela filosofia, pela linguística e pela história.
   e) Muito elevado, superior, sublime, excelso; que transcende os limites da experiência possível, metafísico.

(UFSC) Leia o texto a seguir para responder às questões 8 a 10.

Cruci-ficção

Mel Gibson transforma a *Paixão de Cristo* num espetáculo de brutalidade e deturpação. O que se depreende do filme é, além da visão fundamentalista e antissemita, o desejo de catequizar por meio do sadismo — já que, numa interpretação literal e restrita, a cada vez que pecamos devolvemos Cristo ao calvário.

Revista *Veja*, 3 mar. 2004.

8. (UFSC) A reportagem acerca do filme *Paixão de Cristo*, da Revista *Veja*, identifica o filme como fundamentalista. Esta expressão é muito usada nos dias de hoje, não apenas no meio religioso. Indique o que é fundamentalismo, assinalando a alternativa **correta**.
   a) É o respeito e a valorização dos elementos religiosos de cada religião sem qualquer discriminação.
   b) É a afirmação da autoridade religiosa como integral e absoluta, não admitindo crítica ou limitação.
   c) É a mediação de conflitos através do diálogo, visando à possibilidade de aprofundamento entre as religiões.
   d) É a interpretação de um texto sagrado, levando-se em consideração o uso da exegese e da hermenêutica.
   e) É a diversidade de práticas e rituais religiosos significantes, elaborados pelos diferentes grupos religiosos.

9. (UFSC) Verificamos que a reportagem indica uma leitura literal da *Bíblia* por parte do diretor e produtor Mel Gibson. Este fato tem ocorrido constantemente em várias religiões, que usam o texto sagrado conforme suas conveniências. Isto pode ser combatido através de uma leitura crítica dos textos sagrados, a partir de um método científico. Como se identifica este método?
   Assinale a alternativa **correta**:

a) doutrina.
b) exegese.
c) hermenêutica.
d) mística.
e) teologia.

10. **(UFSC) Conforme a reportagem do filme** *A paixão de Cristo*, **observamos que o mesmo é questionado como sendo antissemita. O antissemitismo é muito questionado pelas religiões orientais.**
Assinale a alternativa que identifica corretamente o que significa antissemitismo.
a) Movimento de discriminação ao cristianismo.
b) Doutrina ou movimento contra os islâmicos.
c) Doutrina ou movimento contra os judeus.
d) Movimento de origem budista.
e) Doutrina animista.

11. **(UFSC) Defina religião.**
a) O estado da alma em busca do sagrado.
b) Um sistema solidário de crenças e de práticas que se ligam às coisas sagradas.
c) Manifestação do transcendente a partir do homem.
d) A soma de elementos antropológicos, sociológicos e naturais.
e) Um conjunto de esperanças para o homem.

12. **Leia este texto:**
O grande patriarca da Bíblia Hebraica é também o antepassado espiritual do Novo Testamento e o grande arquiteto sagrado do Alcorão. Abraão é o ancestral comum do judaísmo, do cristianismo e do islamismo. É a chave do conflito árabe-israelense. É a peça central da batalha entre o Ocidente e os extremistas islâmicos. É o pai — e, em muitos casos, o suposto pai biológico — de doze milhões de judeus, dois bilhões de cristãos e um bilhão de muçulmanos em todo o mundo. É o primeiro monoteísta da história.

FEILER, Bruce. *Abraão*. Rio de Janeiro. Sextante, 2003.

Com base no texto e em seus conhecimentos, assinale a alternativa correta:
a) O judaísmo, o cristianismo e os islamismo são religiões politeístas com origem comum.
b) O *Alcorão* é o livro sagrado comum ao judaísmo, ao cristianismo e ao islamismo.
c) O judaísmo tem como fundamentos o Novo Testamento e o *Alcorão*.
d) O judaísmo, o cristianismo e o islamismo são religiões monoteístas com origem comum.
e) Para os islâmicos, Gaia e Caos são divindades importantes na explicação da origem do Universo e da humanidade.

Descomplicando o ensino religioso

(Concurso Prefeitura de Natal-RN) O cristianismo tem a *Bíblia* como livro sagrado de referência. Esse livro consiste na palavra de Deus para os seus seguidores. A *Bíblia* está dividida em:

a) Êxodo e Números.
b) Pentateuco e Levítico.
c) Jó e Judite.
d) Antigo e Novo Testamento.

Resolução e comentários

A resposta esperada está na alternativa **d**, pois a *Bíblia* está organizada em duas grandes partes, o Antigo Testamento, que contém a história e a realização do povo escolhido por Deus, os judeus, e o Novo Testamento, escrito a partir do nascimento de Jesus entre os homens.

Nas demais alternativas, *Êxodo, Números, Levítico* e *Jó* são livros presentes em todas as *Bíblias*. *Judite* é um livro deuterocanônico, veiculado apenas na *Bíblia* católica. Pentateuco é o modo como são classificados os cinco primeiros livros da *Bíblia*, escritos por Moisés.

3 Religiões universais

Toda crença é respeitável, quando sincera e conducente à prática do bem.

Allan Kardec

Judaísmo

O judaísmo é a primeira religião monoteísta da história da humanidade, tendo sua base no primeiro livro da *Bíblia*, o Gênesis, e seu fundador é Abraão, que inicialmente era chamado de Abrão.

Segundo os ensinamentos religiosos, o judaísmo surgiu na antiga Mesopotâmia (atual Iraque), há cerca de quatro mil anos, quando Abraão recebeu de Deus (Javé) a ordem de abandonar sua cidade e ir para Canaã (atuais Israel e Síria), onde, segundo o pacto estabelecido com Javé, o povo de Deus ali moraria. Todos seriam cumulados de favores e objeto de especial predileção, seriam o "povo escolhido". Em troca, deveriam ser fiéis a Javé, o único Deus.

Deus havia feito uma aliança com Abraão, dizendo que a partir dele faria uma grande nação, tão numerosa quanto as estrelas do céu os grãos de areia no mar. Abraão e Sara, sua esposa, eram idosos e não tinham filhos, mas Deus honrou sua palavra e deu a eles um filho, Isaque, a quem posteriormente o poder patriarcal de Abraão foi passado e deste, mais tarde, para seu neto Jacó, que teve doze filhos, originando as doze tribos israelitas.

O povo israelita tornou-se escravo do Egito (1706-1491 a.C.), quando ali se estabeleceu. Porém, Moisés, que era filho de israelitas nascido no Egito, e descendente de Abraão, libertou os judeus do Egito, atravessando o golfo ocidental do Mar Vermelho, conduzindo-os durante 40 anos pelo deserto em busca da Terra Prometida.

No Monte Sinai, no Egito, Moisés recebeu de Javé (Deus) a Lei dos Dez Mandamentos ou **Decálogo**, código moral, que determina as diretrizes e orientações para a conduta diária, que são:

1º — Não terás outros deuses além de mim.

2º — Não farás para ti imagem de escultura, nem alguma semelhança do que há em cima nos céus, nem em baixo na terra, nem nas águas debaixo da terra. Não te encurvarás a elas nem as servirás; porque eu, o Senhor, teu Deus, sou Deus zeloso, que visito a maldade dos pais nos filhos até à terceira e quarta geração daqueles que me aborrecem e faço misericórdia em milhares aos que me amam e guardam os meus mandamentos.

3º — Não tomarás o nome do Senhor, teu Deus, em vão; porque o Senhor terá por inocente o que tomar o seu nome em vão.

4º — Lembra-te do dia do sábado, para o santificar. Seis dias trabalharás e farás toda a tua obra, mas o sétimo dia é o sábado do Senhor, teu Deus; não farás nenhuma obra, nem tu, nem o teu filho, nem a tua filha, nem o teu servo, nem a tua serva, nem o teu animal, nem o teu estrangeiro que está dentro das tuas portas. Porque em seis dias fez o Senhor os céus e a terra, o mar e tudo que neles há e ao sétimo dia descansou; portanto, abençoou o Senhor o dia do sábado e o santificou.

5º — Honra a teu pai e a tua mãe, para que se prolonguem os teus dias na terra que o Senhor teu Deus, te dá.

6º — Não matarás.

7º — Não adulterarás.

8º — Não furtarás

9º — Não dirás falso testemunho contra o teu próximo.

10º — Não cobiçarás a casa do teu próximo; não cobiçarás a mulher do teu próximo, nem o seu servo, nem a sua serva, nem o seu boi, nem o seu jumento, nem coisa alguma do teu próximo.

Mais tarde, durante o reinado de Salomão (de 1009 a.C. a 922 a.C. aproximadamente), filho do rei Davi (aproximadamente 1041 a.C. a 471 a.C.), Jerusalém é transformada em centro religioso e as tribos são divididas em dois reinos: o de Israel e o de Judá, com capital em Jerusalém.

Surge, nessa época, a crença em um Messias que seria o enviado de Deus, que viria unificar novamente os dois reinos, restaurando, assim, a unidade do povo judeu.

Israel é devastada em 721 a.C. pelos assírios e, em 587 a.C., pelos babilônios, que invadem Jerusalém, destruindo seu templo. Grande parte da população foi deportada para a Babilônia, somente voltando em 539 a.C.

A parte da Palestina onde o povo se estabeleceu foi chamada de Judeia e seus moradores de judeus (palavra derivada de Judá e Judeia).

Os judeus reconstruíram o templo e passaram por breves períodos de independência. No ano 6 d.C., a Judeia passou a ser uma província de Roma. Em 70 d.C., os romanos destruíram o templo e, em 135 d.C., arrasaram a cidade de Jerusalém.

Desde então, os judeus se espalharam por todos os continentes e seu culto passou a se centralizar nas sinagogas. Apesar de estarem espalhados pelo mundo, mantêm a unidade cultural e religiosa.

Os judeus foram vítimas de perseguições em toda a sua história. A destruição das colônias judaicas ao longo dos tempos, os chamados pogroms, eram bastante comuns e frequentes. As posses eram tomadas, dispersadas e as casas queimadas. Esses exílios são chamados Galut. A maior perseguição que sofreram foi na Alemanha nazista, entre 1933 e 1945, onde aproximadamente seis milhões de judeus foram exterminados em campos de concentração, sob as ordens do ditador Adolf Hitler.

Após a segunda Guerra Mundial (1939-1945), em 1948, foi criado o Estado de Israel.

Atualmente, os judeus são encontrados em Israel, América, Europa, e em diversas partes do mundo. O judaísmo está dividido em judaísmo ortodoxo, judaísmo conservador, judaísmo reformador e judaísmo liberal.

A *Bíblia* hebraica é considerada o livro sagrado dos judeus. A *Bíblia* relata a história da humanidade através dos textos históricos, literários e religiosos. A *Bíblia* dos judeus equivale ao que conhecemos por Antigo Testamento, sendo organizada em 24 livros, que estão divididos em 3 grupos: *Torá*, profetas e escritos.

Grupo 1: A *Torá*

A *Torá* (Lei), também conhecida como Pentateuco, contém os cinco livros de Moisés: Gênesis, Êxodo, Levítico, Números e Deuteronômio. Nela, são encontradas as normas legais, morais e as regras do culto judaico.

No capítulo 26 do livro de Levítico, estão descritas as bênçãos de Deus decorrentes da obediência e também as maldições e castigos decorrentes da desobediência:

Se vos conduzirdes segundo os meus estatutos, se guardardes meus mandamentos e os praticardes, então vos darei as chuvas no seu devido tempo, e a terra dará aos seus produtos, e a árvore do campo os seus frutos, e a debulha se estenderá até a vindima e esta até a semeadura. Então comereis o vosso pão até vos fartardes e habitareis em segurança na vossa terra. Estabelecerei a paz na terra e dormireis sem que ninguém vos perturbe. Farei desaparecer da terra os animais nocivos. A espada não passará pela vossa terra. Perseguireis os vossos inimigos que cairão à espada diante de vós. Cinco de vós perseguirão cem, e cem dos vossos perseguirão dez mil, e os vossos inimigos cairão à espada diante de vós. Voltar-me-ei para vós e vos farei crescer e multiplicar, e confirmarei a minha aliança convosco. Depois de vos terdes alimentado da colheita anterior, tereis ainda de jogar fora antiga, para dar lugar à nova. Estabelecerei a minha habitação no meio de vós e não vos rejeitarei jamais. Estarei no meio de vós, serei o vosso Deus e vós sereis o meu povo. Pois sou eu, Iahweh vosso Deus, que vos fiz sair da terra do Egito para que não fôsseis mais os servos deles; quebrei as cangas do vosso jugo e vos fiz andar de cabeça erguida.

Mas se me não ouvirdes e não cumprirdes todos esses mandamentos; se rejeitardes os meus estatutos, e a vossa alma se aborrecer dos meus juízos, a ponto de não cumprir todos os meus mandamentos, e violardes a minha aliança, então, eu vos farei isto: porei sobre vós terror, a tísica e a febre ardente, que faz desaparecer o lustre dos olhos e definhar a vida; e semeareis debalde a vossa semente, porque os vossos inimigos a comerão. Voltar-me-ei contra vós outros e sereis feridos diante de vossos inimigos [...]

Bíblia Sagrada. Levítico, capítulo 26, versículos 3-17.

Grupo 2: Os profetas

Os livros dos profetas (*Neviin*) são históricos e propõem uma interpretação religiosa para a história. São eles: Isaías, Jeremias e Ezequiel, e os profetas menores: Oseias, Joel, Amós, Abdias, Jonas, Miqueias, Naum, Habacuque, Sofonias, Ageu, Zacarias e Malaquias.

Grupo 3: Os escritos

Os escritos (*Ketuvin*) são os demais livros escritos no Velho Testamento: Salmos, Lamentações, Livro de Jó, Provérbios, Ruth, Neemias e Daniel.

O candelabro de sete pontas representa o judaísmo e foi encomendado por Deus a Moisés, conforme descrito no capítulo 25 do livro de Êxodo, na ***Bíblia Sagrada***.

Após a destruição do primeiro templo em Jerusalém, foi estabelecido um modelo de organização para todas as comunidades judaicas, que deu origem à sinagoga (derivada de *sunagoge*, a palavra grega para "congregação" ou "assembleia").

O judaísmo recorre também ao *Talmude*, uma lei oral, na qual se encontram regras, preceitos morais, comentários, histórias e lendas sobre a *Torá*. O *Talmude* contém a doutrina tradicional do judaísmo, de suma importância para os judeus.

Após a destruição do segundo templo, as sinagogas passaram a ser primordiais para o judaísmo, pois representavam o ponto de convergência da vida judaica. No templo, somente os sacerdotes e os levitas exerciam funções religiosas, porém nas sinagogas qualquer judeu pode exercer as funções religiosas.

Raquel Ranieri

Sinagoga Beth-el, em São Paulo.

Nas sinagogas, não existem imagens, nem objetos no altar. Seu foco principal é a Arca, onde estão guardados os rolos da *Torá*, escritos em pergaminho, envolvidos por uma capa de veludo ou seda, decorados com sinos, uma coroa e um escudo de metal precioso. A Arca é indicada por uma luz eterna (*ner Tamid*). Para os judeus não importa o tamanho da sinagoga, pois pode ser desde um pequeno local a um prédio inteiro destinado a isso. Os judeus creem que o rolo da *Torá* santifica o local, tornando-o casa de oração.

Saiba +

Corel Professional Photos

O **Muro das Lamentações** é um local considerado sagrado pelos judeus. Trata-se do único vestígio do templo que ali havia.

O primeiro templo, também chamado de Templo de Salomão, foi derrubado pelos babilônios em 586 a.C. e reconstruído por Esdras e Neemias, mas voltou a ser destruído pelos romanos no ano 70 d.C., que deixaram de pé uma parte do muro externo do templo para que os judeus sempre se lembrassem de que foram vencidos por Roma.

Apesar disso, os judeus acreditam que isso ocorreu em decorrência de uma promessa de Deus que afirmava que uma parte do templo permaneceria de pé.

A sinagoga manteve os judeus unidos, pois ali buscavam e ainda buscam a coragem para sobreviver em tempos de perseguição. As sinagogas trazem unidade ao povo judeu.

O judaísmo é uma religião monoteísta. Para o judeu, toda a vida depende de um único Deus (*Yhwh ou Ihvh)*, que em hebraico quer dizer *eu sou quem sou*. Lê-se como *Javé*.

Os judeus acreditam em um Deus eterno e vivo, sendo Javé o criador do mundo.

Absolutamente tudo, para os judeus, pertence à lei de Deus. Existem 613 mandamentos, sendo 248 afirmações e 365 proibições, que devem ser obedecidos pelos judeus.

Para eles, Jesus Cristo não é o Messias. Eles ainda aguardam a vinda de um redentor, que trará paz e justiça.

De acordo com o judaísmo, para alcançar a salvação, os judeus devem obedecer aos ensinamentos da *Torá*, e assim aceitar a vontade de Deus. Não devem pecar, pois o pecado representa infidelidade a Javé e quebra da aliança estabelecida entre Deus e o povo escolhido, os judeus.

A circuncisão é obrigatória para todos os meninos, pois encontra-se prevista na *Torá*, sendo feita no oitavo dia após o nascimento.

Ao atingir a idade de 13 anos, o menino judeu converte-se em *Bar-Mitzvá* (sujeito ao mandamento), ou seja, passa a ser responsável por seus atos, devendo praticar todos os 613 mandamentos divinos. Passa, então, a fazer parte do *minyan*, que é um grupo de no mínimo 10 homens que se reúnem para a realização do serviço religioso. Após a primeira cerimônia religiosa de que o garoto participa, é dada uma festa, que é oferecida pela família do jovem judeu.

Os judeus permitem a celebração do casamento em qualquer lugar, sendo o mais comum ocorrer nas sinagogas, onde é celebrado pelos rabinos. A família numerosa é bastante valorizada.

Seus mortos devem ser enterrados. Não podem ser cremados, pois acreditam que o corpo deve voltar ao seu estado natural, e também por não aceitarem a aceleração da decomposição do corpo que se dá no processo de cremação. Aos mortos se deve respeito e reverência (*kvod hamet*), e aos vivos, respeito e bem-estar (*kvod hachai*). Duas orações são recitadas durante o período de luto: o *Tziduk Hadin* e o *Kadish*.

De acordo com o calendário judaico, o dia começa e termina com o pôr-do-sol, sendo o *shabat* (sábado) o dia mais importante, quando os judeus devem ir à sinagoga.

Os judeus devem orar 3 vezes ao dia, todos os dias, e não comer carne de porco ou de nenhum animal por eles considerado impuro.

As festas religiosas são definidas segundo o calendário lunar (que indica as fases da Lua), que é o calendário utilizado pelos judeus, não utilizando, assim, o calendário gregoriano[7]. Suas principais festas são: a Páscoa (*Pessach*), Pentecostes (*Shavuot*), Festa dos Tabernáculos (*Sucot*), Ano-Novo Judaico (*Rosh Hashaná*), o Dia do Perdão (*Yom Kippur*), dentre outras.

[7] O calendário gregoriano foi promulgado pelo Papa Gregório XIII em 24 de fevereiro de 582, sendo utilizado até hoje na maior parte do mundo.

Hinduísmo

O hinduísmo é uma das mais antigas tradições culturais existentes no mundo, que, provavelmente, se originou na região da Índia aproximadamente 1.500 anos antes de Cristo.

Trata-se de uma religião bastante complexa que recorre a diversos mitos e lendas. Ao contrário de outras religiões, não tem um fundador específico, e é conhecida como *Sanátana Dharma* ou *religião eterna*.

Sua origem é incerta, mas é mais provável ter se originado dos arianos e dravidianos que residiam no subcontinente indiano. Os hindus são originários dos antigos povos arianos (descendentes dos indoeuropeus) do Cáucaso (região da Europa central e da Ásia ocidental), que se instalaram no Vale do rio Ganges, na Índia, entre 2000 e 1500 a.C.

A palavra *hindu* deriva do persa antigo, correspondente ao sânscrito *shindu*, que significa *rio* e refere-se às pessoas que viviam no vale do Indo, na Índia.

Os arianos traziam em sua cultura antigos mitos tribais que se juntaram ao animismo[8] que ali predominava. Foram conquistadores arianos que introduziram o sistema de castas, que é a divisão do povo conforme a classe social. Cada divisão tinha um papel ou *varna*.

Por força dos conquistadores arianos na região, os hindus passaram a ser agrupados em quatro tipos de castas. Os sacerdotes e mestres da erudição sacra, que são os *brâmanes*, ocupam o grau mais elevado da sociedade. A seguir vêm os guerreiros pertencentes à aristocracia militar e também os governantes, encarregados de manter e proteger a ordem social e o sagrado saber, sendo denominados de *xátrias*. Em terceiro lugar, estão os *vaixias*, que são os comerciantes, os artesãos e os camponeses. Os *sudras* constituem a casta mais baixa, fazem trabalhos manuais e atividades servis de toda espécie.

Os grupos de miseráveis não possuem nenhum direito de prestígio, não têm uma profissão definida e, normalmente, causam repugnância às outras pessoas. Vivem da compaixão alheia. Socialmente, não é permitido que se banhem no rio Ganges nem podem ler os livros sagrados.

8 Animismo é o primeiro estágio da evolução do pensamento religioso, que evoluiu para o politeísmo.

Saiba +

As castas são grupos sociais fechados, sem mobilidade social. O casamento só é permitido com membros da mesma casta. Tradicionalmente, os filhos seguem a mesma profissão herdada do pai. A pessoa que nasce de uma casta deve permancer o resto de sua vida nela. Ao nascer, sua posição social já está definida, não podendo subir socialmente por qualificação ou profissão.

Ao impor o sistema de castas, os arianos baseavam-se nos *Vedas*, compostos de quatro coletâneas de textos, escritos sagrados que contém as verdades eternas reveladas pelos deuses. A posição de cada um é determinada pelo seu *carma* (conjunto de ações em vidas anteriores), sendo que a casta à qual pertence cada pessoa indica o seu *status* espiritual.

Nessa sociedade, o povo acredita que no princípio de toda a criação foram introduzidas quatro castas, que são eternas, que se originaram de diferentes partes das divindades.

Em 1950, a Constituição indiana aboliu o sistema de castas, porém, apesar de não mais existir oficialmente, está arraigado no espírito indiano e permanece até hoje.

Bnilesh | Dreamstime.com

Estátua de Shiva, divindade hindu, em Dwarka, na Índia.

Existem centenas de deuses e deusas no hinduísmo, porém são cultuados como diferentes aspectos de um único deus.

Dentre os deuses, destacam-se três: *Brahma* (o criador, a essência da pureza), *Vishnu* (o protetor, aquele que preserva tudo que existe) e *Shiva* (o destruidor).

Apesar de acreditarem em diversos deuses, os hindus não são considerados politeístas, pois os deuses e deusas de seu panteão (conjunto de divindades) representam os poderes e funções de um único deus.

Para eles, os deuses manifestam-se na Terra, através de seus *avatares* (descendidos), sendo os mais importantes os de *Vishnu*, que aparecem como *Krishna* e *Rama*.

Os *Vedas* são os textos sagrados mais antigos do hinduísmo. Trata-se de orações e hinos e dividem-se em:

1. *Rig Veda* (hinos de louvor à energia cósmica).
2. *Yajur Veda* (trata dos sacrifícios aos deuses e ao absoluto).
3. *Sama Veda* (melodias).
4. *Atharva Veda* (fórmulas de magia e ritualísticas).

Dentre esses, o mais antigo texto sagrado conhecido é o *Rig Veda*, contendo aproximadamente 1.028 hinos.

Aos *Vedas* foram acrescidos posteriormente outros escritos: os *Brahmanas* (explicações dos mantras e rituais) e os *Upanishads* (razão do pensamento e da ação da filosofia hindu).

Nos *Upanishads*, encontram-se as doutrinas da *Samsara* (trasmigração da alma) e do *carma* (a crença de que as ações de uma existência anterior são a causa do atual estado da pessoa na vida).

Há também um outro conjunto de escritos denominados *Puranas*, que são mitos hindus sobre deuses e deusas. É nos *Puranas* que encontramos dois épicos hindus: o *Ramayana* e o *Mahabharata*.

O *Ramayana* é a história de *Rama*, a sétima encarnação de *Vishnu*, e foi escrito entre 200 a.C. e 200. Consiste em 24 mil dísticos.

O *Mahabharata* constitui-se de aproximadamente 100.000 versos e é nele que encontramos o *Bhagavad-Gita* (Canto do senhor bendito ou Cântico celestial), que narra o diálogo entre *Arjuna* e seu cocheiro, o deus *Krishna*, a oitava encarnação de *Vishnu*, isso em face da inevitável guerra entre os filhos de *Pandu* e seus primos *Duryodhana*.

O *Bhagavad Gita* é considerado o cerne da fé hinduísta, pois contém instruções para a moralidade e a religião.

O hinduísmo é praticado pela quase totalidade do povo indiano, porém é também disseminado no Paquistão, Sri Lanka, Malásia, Indonésia, África do Sul, Trinidad e ilhas Fidji.

Os hindus acreditam na eternidade da alma e na lei do *carma*, através da qual creem que as ações de uma pessoa determinará como ela virá na próxima reencarnação. Acreditam que, se levar uma vida voltada para o bem, poderá se libertar desse eterno ciclo de renascimentos, libertando sua alma. Para alcançar a libertação da alma, deve seguir os diferentes *margas* ou caminhos:

1. *Karma yoga* (o caminho da ação).
2. *Bhakti yoga* (o caminho da devoção a seres divinos).
3. *Jnana yoga* (o caminho do conhecimento).

Os hindus praticam também um método de posturas especiais denominado *Raja yoga*.

É costume religioso entre os hindus, ao acordar, banhar-se num rio sagrado, ou em casa, na falta de rio ou riacho nas proximidades; acredita-se que isso purifica a pessoa. Logo em seguida, vão ao templo local fazer oferendas de flores e alimentos aos deuses.

JeremyRichards / Shutter Stock

Pessoas se banhando no Rio Ganges, na Índia.

Saiba +

Ioga significa união. É uma antiga filosofia de vida surgida na Índia que se popularizou como método para integração do corpo à mente e às emoções, levando o seu praticante ao relaxamento mental e à possibilidade de fazer escolhas em consonância com os pensamentos. Segundo os seus praticantes e idealizadores, a ioga também serve para fortalecer o corpo.

Existem variadas técnicas para a sua prática.

Para os praticantes do hinduísmo, a *ioga* é muito importante, pois por meio dela visam alcançar o estado não-condicionado de hiperconsciência (*samadhi*), evitando, assim, o sofrimento proveniente da realidade terrena.

Os hindus, em sua grande maioria, são vegetarianos, reverenciam a vaca como um animal sagrado, refletindo o respeito que têm por todos os animais, pois creem que todos os seres fazem parte de um mesmo espírito.

Shariff Che' Lah | Dreamstime.com

Hindus em procissão na Malásia, celebrando os momentos iniciais do Thaipusam, em que imagens de divindades são conduzidas do pé da montanha ao templo. Durante as festividades do Thaipusam, ocorrem rituais de autoflagelação pública e exibição de resistência à dor. Muitos dos penitentes perfuram o rosto ou o corpo e caminham por vários quilômetros sentindo dor em sinal de devoção religiosa.

A vaca, para os hindus, é um símbolo antigo da mãe Terra e da fertilidade do solo. Para eles, animais e seres humanos devem ser tratados com igual respeito, pois o homem está unido à natureza e ao Universo.

Toda a vida do hindu e todos os seus atos têm uma finalidade religiosa.

No hinduísmo, os mortos são cremados em rituais funerários e as festas são muito importantes, pois representam a dimensão comunitária da vida religiosa. São baseadas no calendário hindu e estão geralmente ligadas a mudanças de estação. As principais festas são *Holi*, *Diwali*, *Thaipusam* e *Dusserah*. Durante as festas, as barreiras sociais são ignoradas.

O praticante do hinduísmo deve levar uma existência pacífica, estudar os textos sagrados, rezar e meditar, para assim atingir seu objetivo, que é se identificar com *Brahma* (Deus) e, nele, se integrar.

No hinduísmo, prega-se a não violência (*ahimsa*), ou seja, adotam métodos pacíficos. O maior expoente do *ahimsa* foi *Mohandas Gandhi*.

Saiba +

Mohandas Gandhi, popularmente conhecido como **Mahatma Gandhi** (Nova Déli, 1869-1948), foi um líder espiritual que lutou contra a opressão e discriminação impostas pelo governo britânico à Índia.

D.G.Tendulkar/AKG-Berlim – Latin Stock

Foi um dos idealizadores do moderno estado indiano. Defendia o princípio da não agressão, ou seja, defendia que os protestos de resistência e a luta pela independência da Índia fossem realizados sem violência, pois acreditava que o pacifismo era a forma de revolução. Esse princípio é chamado também de *satayagraha*.

Graças à luta de Gandhi, a Índia tornou-se uma nação moderna e independente a partir de 1947. Apesar de pregar a não violência e ter levado a Índia à independência, Gandhi foi assassinado a tiros.

Islamismo

Islam ou *Islã* é uma palavra de origem árabe que significa *submissão absoluta do ser diante de Deus* (Alá).

O islamismo originou-se com *Mohamed*[9] no ano 610. Mohamed nasceu em 570 em Meca, na Arábia, e pertencia à tribo dos *coraixitas*[10]. Não chegou a conhecer o pai, pois este morreu antes de Mohamed nascer. Quando tinha 6 anos, perdeu a mãe e passou a ser criado pelo seu tio *Abu Talib*.

Por ter conduzido caravanas para regiões atualmente conhecidas como Síria, Palestina e Iraque, Mohamed teve a oportunidade de conhecer inúmeras outras religiões, além das que predominavam em Meca: o masdeísmo[11] e o politeísmo.

No dia 27 do mês do Ramadã, em 610, quando Mohamed meditava em uma gruta do Monte Hira, segundo a tradição, aconteceu a iluminação. Mohamed afirma ter ouvido a voz do anjo Gabriel dizendo-lhe:

> Só há um Deus, que é Alá, e Mohamed é o seu profeta [...]
> Recita: em nome de vosso Senhor que criou,
> criou o homem de um coágulo de sangue.
> Recita: e vosso Senhor é o mais generoso,
> que ensinou junto ao aprisco,
> ensinou ao homem o que ele não sabia.
> não, de fato: certamente o homem faz-se de insolente,
> pois se julga autossuficiente.
> certamente em vosso Senhor está a volta.

Desde então, Mohamed passou a pregar a crença em um único Deus, sendo então hostilizado por muitos. Apenas algumas pessoas extremamente pobres abraçaram a sua fé e seus ensinamentos.

Em 16 de julho de 622, Mohamed sofreu um atentado contra sua vida. Por isso, abandonou Meca e fugiu para Medina. A emigração de Mohamed para Medina ficou conhecida como *Hégira* e marca o início do calendário islâmico.

---

9 Em língua portuguesa Mohamed é mais conhecido como Maomé. Porém, os muçulmanos afirmam que não há tradução para o nome de seu profeta. Em respeito a eles, grafamos Mohamed.

10 Coraixitas: tribo árabe muito importante, que vivia nas montanhas próximas a Meca.

11 Masdeísmo: religião de origem indo-europeia, seus seguidores acreditam no dualismo, ou seja, na eterna luta entre o Bem e o Mal. A religião ainda existe, e seus seguidores são hoje conhecidos como parsis.

Ayazad/Shutterstock

Peregrinos dão voltas em redor da Caaba enquanto pedem perdão e oram a Alá.

Saiba +

Ramadã é o nono mês do calendário islâmico.

Durante todo o mês do Ramadã, os muçulmanos praticam um jejum com rituais, do nascer ao pôr do sol.

No final de cada dia, o jejum é finalizado com uma oração e uma refeição especial, reunindo amigos e membros da família em uma celebração de fé e de alegria. Este evento é chamado de *iftar*.

Medina era uma cidade habitada por grande número de pagãos e árabes judeus, que Mohamed conseguiu converter ao islamismo. A cidade de Medina tornou-se a primeira república islâmica, sendo daí que Mohamed proclamou a guerra santa (*Jihad*) contra Meca.

Em 630, após converter diversas tribos da região, aumentando assim seu poder militar, Mohamed conquistou Meca e milhares de seguidores para o islamismo.

Ao conquistar Meca, preservou a Caaba, um local de adoração, um templo que, segundo a tradição religiosa, foi construído por Abraão e seu filho Ismael, sob ordens de Deus.

Corel Professional Photos

As mesquistas são os locais de culto para os seguidores do islamismo. Nesta imagem, vê-se a mesquita de Omar, também conhecida como Domo da Rocha, em Jerusalém.

Em 632, Mohamed retirou todas as imagens que estavam na Caaba e recebeu sua última revelação, na qual dizia que todo fiel deveria ir a Meca pelo menos uma vez na vida; e também que os muçulmanos são todos irmãos e que só há um único Deus.

Mohamed morreu em 8 de junho de 632, surgindo então disputas pelo poder, já que o mesmo não havia determinado a forma de sua sucessão.

Desde então, os muçulmanos passaram a se dividir em grupos: xiitas, sunistas e sufistas.

Os *xiitas* originaram-se de *Ali ibn Abu Talib*, genro de Mohamed, casado com sua filha, Fátima, que após o seu assassinato foi homenageado por seus partidários com a fundação do *Xiat Ali*, que significa partidários de Ali, ficando conhecidos como xiitas. Para eles, o sucessor de Mohamed tem uma função espiritual. Somente os membros do clã de Mohamed podem ser imãs (autoridade religiosa) e, assim, liderar os islâmicos.

Os *sunitas* dão extrema importância para a *Suna* (feitos do profeta). Seu nome deriva do fato da ênfase dada ao conhecimento da *Suna* como fonte para aplicação da lei islâmica. Nos marcos estabelecidos pelo *Corão*, eles tendem a agir de forma moldada ao mundo terreno em face das questões de natureza teológica e política. Há várias seitas sunitas, cada qual com interpretações distintas e específicas sobre um ou outro ponto da doutrina.

Como vimos, para os xiitas, só os membros do clã de Mohamed, isto é, os descendentes do casamento de Fátima (filha do Profeta) com Ali, teriam qualificações para serem os seus sucessores (califas ou imãs) na tarefa de liderar a comunidade islâmica mundial. Diferentemente dos sunitas, os xiitas enfatizam a função espiritual do sucessor de Mohamed, em quem foi depositada a luz profética. O imã é um ser protegido divinamente contra o pecado e o erro, tem um entendimento infalível do *Corão*, e um conhecimento sobrenatural dos eventos futuros. Assim, os poderes do líder religioso xiita assumem uma proporção quase divina em relação à comunidade islâmica, algo que não acontece no caso dos sunitas.

Os sufistas fazem parte de uma corrente esotérica do Islã. Preocupam-se com as verdades espirituais que pregava Mohamed. Pregam a contemplação de Deus e a simplicidade, preocupam-se com o desenvolvimento espiritual. Acreditam que é possível uma aproximação entre Deus e os homens com a aliança, chamada de *mithaq*, que ocorreu no início dos tempos. Dois dos maiores sufistas foram *Muhidin ibn Arabi* (1165-1240), que escreveu, entre outros livros, *Revelações de Meca* e *A sabedoria dos profetas,* e *Farid ud-Din Attar (1142-1220),* autor de *A linguagem dos pássaros.*

O *Corão* ou *Alcorão* é o livro sagrado dos muçulmanos. Nele estão reunidas as revelações do profeta Mohamed. É composto de 114 capítulos (*suras*), subdivididos em versículos.

A *Sura* 1, denominada "*Al Fatilha*" (a abertura), louva a Alá (*Deus*) e pede sua orientação. No *Corão*, segundo os muçulmanos, encontram-se as palavras exatas de Alá, que devem ser seguidas, além de relações sociais entre os homens (*al muamalát*), os cultos (*al Ibadá*), a moralidade (*al Ajilág*) e as crenças da fé (*al Agida*).

Segundo as leis do *Corão*, as ações humanas são divididas da seguinte forma:

- *Fard*: o que deve ser feito;
- *Mandub*: ações encorajadas e recompensadas por Deus;
- *Mubah*: ações nem punidas, nem recompensadas;
- *Makruh*: atos desencorajados, mas não punidos;
- *Haran*: ações ilegítimas e puníveis por lei;
- *Suna*: palavras e atos do profeta Mohamed que devem ser seguidos;
- *Hadiz*: palavras do profeta que não estão contidas no *Corão*, mas que foram compiladas para servir de exemplo para a geração futura.

O fundamento principal do islamismo é a submissão total do homem a Alá, sendo cinco os seus pilares básicos. São eles:

- **Crença em um único Deus**: para os muçulmanos, só existe um Deus, que é Alá, sendo Mohamed o seu profeta.
- **Os profetas e livros sagrados**: os muçulmanos acreditam em cinco grandes profetas: Noé, Abraão, Moisés, Jesus e Mohamed. Consideram como livros revelados a *Torá*, os *Salmos* e os Evangelhos.
- **Os anjos**: os muçulmanos aceitam os anjos como enviados de Deus.
- **O dia do juízo final**: para os muçulmanos, haverá o dia do juízo final, no qual os homens serão julgados pelo que fizeram em vida.
- **Predestinação**: a crença islâmica prega a predestinação dos seres humanos; porém ela não é absoluta, visto cada um ter o direito de escolher entre o bem e o mal.

Também são cinco os pilares da fé islâmica.

- **Profissão de fé**: todo muçulmano deve professar publicamente que Alá é o único Deus, e Mohamed seu profeta.
- **Preces** (ou **orações**): os fiéis devem orar cinco vezes ao dia, devendo lavar-se antes da oração. Quando não é possível lavar-se com água, esfregam as mãos com pedras ou areia (*tayammum*). A oração deve ser feita em direção à cidade de Meca.
- **Jejum**: é realizado no mês do Ramadã, não podendo os adultos comer, beber, fumar ou manter relações sexuais, desde o amanhecer até o anoitecer. O jejum tem como objetivo o autocontrole e a compaixão. Após o jejum, realiza-se um grande banquete.

- **Caridade** (ou **esmola**): os mais ricos devem ajudar os mais pobres, devendo ser feita uma doação por ano, conhecida como *zakat*.
- **Peregrinação**: todo muçulmano tem a obrigação de ir pelo menos uma vez na vida até Meca, devendo orar na Caaba. O muçulmano deve entrar na área em torno da Caaba, dar sete voltas ao redor da mesma e depois rezar. Após a visita a Caaba, seguindo os passos do profeta Mohamed, visitam o monte Arafat, Muzdalifa e Mina, onde realiza-se uma festa conhecida como *Eid-ul-Adha*.

Os muçulmanos separam os alimentos em três grupos: os permitidos (*halal*); os consumíveis, mas que não são encorajados a fazê-lo (*makruh*); e os proibidos (*haram*), que são carne de porco e de animais carnívoros, produtos que contêm gelatina e qualquer alimento que contenha sangue.

Os islâmicos constituem mais de 90% da população do Afeganistão, Egito, Guiné, Indonésia, Iraque, Líbia, Marrocos, Irã, Paquistão, Emirados Árabes, Iêmem, Mauritânia, Jordânia, Argélia, Kuwait, Ilhas Maldivas, Arábia Saudita, Senegal, Tunísia, Somália e Turquia.

Espalhado pelo Oriente Médio, Ásia, Sudeste Asiático e África, o islamismo é a segunda maior religião do mundo.

Budismo

No século VI a.C, *Sidarta Gautama* (o iluminado), um príncipe hindu, fundou o budismo na Índia.

Sidarta Gautama nasceu em Kapilavastu, norte da Índia, atual Nepal, em 556 a.C. Seu pai era o rei *Suddhodana* e sua mãe, a rainha *Maya*.

Segundo a tradição, ao nascer, um sacerdote havia profetizado: "este menino será grande entre os grandes. Será um poderoso rei ou um mestre espiritual que ajudará a humanidade a se libertar de seus sofrimentos".

Diante disso, o pai decidiu mantê-lo longe de tudo que pudesse despertar algum interesse filosófico no filho. Sidarta foi criado em meio ao luxo, vivendo isoladamente em seu palácio. Casou-se aos 16 anos com *Yasodhara*, sua prima, tendo um único filho, *Rahula*.

Aos 29 anos, ao cruzar a cidade, deparou-se com miséria, sofrimento, velhice, doença e morte, até então desconhecidos para ele. A partir daí, entrou em choque e em profunda crise existencial.

Sidarta resolveu então abandonar sua vida luxuosa e buscar uma resposta para o sofrimento humano, juntando-se a um grupo de monges brâmanes, que se dedicava a uma vida asceta, de contemplação.

Após seis anos vivendo com os brâmanes e sem encontrar a resposta para o sofrimento humano, Sidarta rompe com o ascetismo e chega ao conceito do caminho do meio, uma forma de vida disciplinada, mas sem autodestruição, algo intermediário entre o luxo e o autoflagelo.

Saiba +

Ascetismo é uma doutrina que prega a disciplina e o autocontrole do corpo e do espírito como forma de caminho para o encontro com Deus.

Segundo a tradição budista, Sidarta, sozinho, seguiu seu próprio caminho em busca da "verdade" e, após semanas de meditação, aos pés de uma figueira, sendo tentado de todas as formas por *Mara* (o demônio), atingiu a iluminação, transformando-se assim no *Buda*, conseguindo as respostas que procurava e atingindo o *nirvana* (estado de consciência acima dos desejos).

Buda passou, então, a pregar sua doutrina por toda a Índia, conseguindo muitos adeptos.

Sidarta Gautama (Buda) transmitiu seus ensinamentos oralmente. Séculos mais tarde, foram registrados na língua nativa da Índia, o pali, 31 livros, organizados em coleções intituladas de *Tripitake* (três cestos), nas quais estão contidas as regras de conduta, sermões e comentários filosóficos do budismo.

Existem ainda diversos outros livros, considerados sagrados, que são conhecidos como cânones budistas.

O Budismo não é uma religião monoteísta e também não é politeísta, seus seguidores não acreditam em um Deus determinado. Para alguns estudiosos, não é uma religião e sim uma filosofia. Sua doutrina consiste no ensinamento da superação do sofrimento com o objetivo de atingir o nirvana através de disciplina, mente e vida correta.

Dirk Beyer / Creative Commons

Estátua de Buda em Kamakura, no Japão.

O Budismo prega quatro verdades para se chegar ao nirvana:

1. A dor é universal.
2. O desejo é a causa da dor.
3. A dor cessa ao eliminar o desejo.
4. Elimina-se o desejo através do caminho do meio, atingindo assim o nirvana.

De acordo com as crenças budistas, para chegar ao caminho do meio é necessário seguir estes oito passos:

1. o conhecimento correto;
2. a intenção correta;
3. a palavra correta;
4. a maneira de agir correta;
5. a maneira de viver correta;
6. a correta aspiração à salvação;
7. o esforço correto;
8. a meditação correta.

Seguindo essas regras, os budistas acreditam que é possível chegar à perfeição. Acreditam, também, na lei do *carma*, segundo a qual as ações de uma pessoa determina suas condições em vidas futuras.

No budismo, qualquer pessoa pode atingir a iluminação, que é considerada o estado mais elevado. Pode ser alcançado por meio do estudo dos ensinamentos, através da autorrealização e sem a ajuda de um guia espiritual, ou pela iluminação completa e perfeita atingida pelos Budas.

Existem três principais vertentes budistas: o budismo hinayama, o budismo mahayana e o vajrayana. Dessas três vertentes surgiram todas as ramificações budistas conhecidas.

O budismo tibetano surgiu do mahayana, por volta do ano 640, sendo uma fusão de diversas concepções religiosas ali existentes. No budismo tibetano, existem quatro escolas, ou linhagens, que são: a Escola Gelupa, a Escola Nyingma, a Escola Sakya e a Escola Kagyio.

As festas budistas variam conforme o tipo de budismo praticado no país, porém todos celebram a morte de Buda.

O budismo é praticado principalmente na Tailândia, Tibet, Japão, Sri Lanka, Nepal e China, mas há adeptos do budismo em diversos outros países. No entanto, em seu berço de origem, a Índia, já foi praticamente extinto.

Leia a seguir um trecho do Dalai Lama, o principal chefe do budismo tibetano, considerado pelos budistas uma encarnação de Buda.

> Atualmente, enfrentamos vários problemas. Alguns são criados essencialmente por nós mesmos, com base em divisões quanto à ideologia, religião, raça, posição econômica e outros fatores. Portanto, chegou o momento de pensarmos num nível mais profundo, no nível humano, e a partir dele deveremos apreciar e respeitar a similitude dos outros como seres humanos. Devemos construir relações mais íntimas de confiança, compreensão, respeito e ajuda mútua, independentemente das diferenças de cultura, filosofia, religião ou fé. [...]
>
> Infelizmente, por vários séculos, os seres humanos têm usado todos os tipos de métodos para se reprimirem e se prejudicarem. Foram praticados inúmeros atos terríveis. Isso tem significado mais problemas, mais sofrimento e mais desconfiança, que resultam em mais sentimentos de ódio e mais separações.
>
> Hoje o mundo está ficando cada vez menor. Do ponto de vista econômico, e sob vários aspectos, as diferentes áreas do mundo estão se tornando mais próximas e permanentemente interdependentes. Por isso, acontecem os encontros frequentes de cúpulas internacionais; os problemas em lugares longínquos estão ligados à

crise global. Esta situação expressa o fato de que é hora de pensar mais sob a perspectiva humana do que se basear em assuntos que nos dividem. Portanto, falo a vocês como um simples ser humano, e espero com seriedade que estejam me ouvindo com o pensamento de que "eu sou um ser humano e estou aqui ouvindo outro ser humano".

Todos nós desejamos a felicidade. Nas cidades, nas fazendas, até em lugares distantes as pessoas estão ocupadas e ativas. Qual é o principal propósito dessa atividade? Todas estão tentando criar a felicidade. Isso é certo. Contudo, é muito importante seguir um método correto na busca da felicidade. Devemos manter em mente que um grande envolvimento de natureza superficial não resolverá os problemas maiores.

Existem à nossa volta muitas crises, muitos medos. Por meio da ciência e da tecnologia altamente desenvolvidas, atingimos um nível avançado de progresso material que tanto é útil como necessário. Porém, se vocês compararem o progresso externo com o nosso progresso interno, ficará bem claro que o nosso progresso interno é inadequado. Em vários países, as crises — assassinatos, guerras e terrorismo — são crônicas. As pessoas se queixam do declínio da moralidade e do aumento da atividade criminosa. Embora nos assuntos externos sejamos altamente avançados e continuemos a progredir, ao mesmo tempo é igualmente importante nos desenvolvermos e progredirmos em termos do crescimento interior. [...]

A raiva não pode ser dominada pela raiva. Se uma pessoa demonstra raiva por você e você responde com raiva o resultado é desastroso. Em comparação, se você controla a sua raiva e mostra atitudes opostas — compaixão, tolerância e paciência —, então não somente você permanecerá em paz, como a raiva do outro diminuirá gradualmente.

Os problemas do mundo, similarmente, não podem ser desafiados pela raiva ou pelo ódio. Eles devem ser encarados com compaixão, amor e verdadeira benevolência. Vejam as armas terríveis que existem. O botão que as aciona está sob um dedo humano, que é movido pelo pensamento e não por poder próprio. A responsabilidade está no pensamento. [...]

Afinal, todos nós desejamos a felicidade, e ninguém discordará do fato de que com raiva a paz é impossível. Com benevolência e amor, a paz mental pode ser atingida. Ninguém deseja a raiva, ninguém deseja a inquietação mental, embora elas ocorram por causa da ignorância. As más atitudes, como a depressão, surgem do poder da ignorância, e não por vontade própria. [...]

Cada um de nós tem responsabilidade por toda a humanidade. É o momento de pensarmos nas outras pessoas como verdadeiros irmãos e irmãs e de nos preocuparmos com o bem-estar deles, com menos sofrimento. Mesmo que vocês não possam sacrificar inteiramente o que é de seu próprio benefício, não devem se esquecer dos problemas dos outros. Precisamos pensar mais sobre o futuro e no que pode beneficiar toda a humanidade. [...]

Esta é a minha simples religião. Não há necessidade de templos, nem necessidade de uma filosofia complicada. O nosso próprio cérebro, o nosso próprio coração é o nosso templo; a filosofia é a benevolência".

Dalai Lama. *A prática da benevolência e da compaixão.*
Rio de Janeiro: Nova Era, 2002.

Teste seu saber

1. **(Concurso Prefeitura de Itatiaia-RJ) Pentateuco é uma palavra do grego e significa cinco livros. Essa palavra é usada para indicar:**
   a) cinco epístolas escritas ao povo grego.
   b) quatro evangelhos e o *Apocalipse*.
   c) cinco livros proféticos.
   d) cinco livros do Novo Testamento.
   e) cinco primeiros livros da *Bíblia*.

2. **(Concurso Prefeitura Laranjal do Jari-AP) No islamismo, o livro sagrado é o(a):**
   a) *Torá*. b) *Bíblia*. c) *Sibah*. d) *Alcorão*. e) *Pentateuco*.

3. **(UFJF-MG) O islamismo, religião fundada por Mohamed e de grande importância na unidade árabe, tem como fundamento:**
   a) o monoteísmo, influência do cristianismo e do judaísmo, observado por Mohamed entre os povos que seguiam essas religiões.
   b) o culto aos santos e profetas através de imagens e de ídolos.
   c) o politeísmo, isto é, a crença em muitos deuses, dos quais o principal é Alá.
   d) o princípio da aceitação dos desígnios de Alá em vida e a negação de uma vida pós-morte.
   e) a concepção do islamismo vinculado exclusivamente aos árabes, não podendo ser professado pelos povos inferiores.

4. **Qual é o livro sagrado do cristianismo?**
   a) *Sibah* b) *Bíblia* c) *Alcorão* d) *Torá* e) *Pentateuco*

5. **(Concurso Prefeitura Laranjal do Jari-AP) Para o judaísmo, o livro sagrado é o(a):**
   a) *Pentateuco* b) *Alcorão* c) *Bíblia* d) *Sibah* e) *Torá*

6. **(Concurso Prefeitura de Concórdia-SC) Leia este texto:**
   Considerada uma das três grandes religiões monoteístas existentes, surgiu na Península Arábica no século VII quando seu fundador se declarou o último da série de profetas enviados por Deus. Segundo a tradição, essa missão foi confiada pelo anjo Gabriel, que em visita ao fundador, ter-lhe-ia ordenado que recitasse alguns versos enviados por Deus, que, mais tarde, seriam recolhidos e integrados ao principal livro dessa tradição religiosa.

   O texto refere-se:
   a) ao islamismo, fundado por Mohamed.
   b) ao cristianismo, fundado por Jesus.
   c) ao judaísmo, fundado por Moisés.
   d) ao islamismo, fundado por Moisés.
   e) ao judaísmo, fundado por Mohamed.

7. **(Concurso Prefeitura de Concórdia-SC) De acordo com a tradição judaico-cristã, é correto afirmar sobre a origem do judaísmo:**
   a) Está associada ao evento do dilúvio, no qual, o chamado de Noé e o resgate de sua família, caracterizariam o início de uma nova religião pautada no Decálogo, entregue a ele tão logo as chuvas cessaram.
   b) Está associada ao chamado do Patriarca Abraão, que recebeu, entre outras, a promessa de ser o pai de uma grande nação e habitar na terra prometida por Deus.
   c) Está associada ao nascimento de Jesus de Nazaré, que ao questionar a religiosidade de sua época, inaugura o judaísmo.
   d) Está associada ao movimento profético dos séculos VIII a.C. a VI a.C., que rompe com a religião dos levitas e funda uma religião com forte ênfase na ética e na justiça social.
   e) Está associada ao movimento macabeu, que se caracterizou como uma revolta contra o domínio selêucida sobre os hebreus, e com judaísmo nascendo para solidificar a identidade do povo.

8. **(Concurso Prefeitura de Concórdia-SC) A teologia hinduísta se fundamenta no culto aos avatares da divindade suprema, Brahma. Particular destaque é dado à Trimurti, a trindade constituída por Brahma, Shiva e Vishnu, representando as três faces da natureza ou o caminho cíclico do tempo Hindu. Brahma, Shiva e Vishnu representam, respectivamente:**
   a) A força criadora, a força conservadora, a força destruidora.
   b) A força conservadora, a força criadora, a força destruidora.
   c) A força conservadora, a força destruidora, a força criadora.
   d) A força destruidora, a força criadora, a força conservadora.
   e) A força criadora, a força destruidora, a força conservadora.

9. **(Concurso Prefeitura de Concórdia-SC) Leia este texto:**
   É uma tradição religiosa com muitos elementos sagrados. Entre eles, podemos destacar sacralização de animais, como ocorre com a serpente e a vaca, essa dona do estatuto de cuidadora espontânea da humanidade. Outro elemento sagrado é o Rio Ganges, na Índia, onde são realizados banhos para a purificação e são jogadas as cinzas dos mortos.

   O texto está se referindo aos elementos sagrados pertencentes à tradição:
   a) hinduísta b) afro c) budista
   d) islâmica e) judaica

10. **(Concurso Prefeitura de Concórdia-SC) Leia o texto.**
   Nascido no século VI a.C., foi fundado por Sidarta Gautama nas províncias orientais do nordeste da Índia que eram o centro da cultura védica. Apresenta-se como uma ruptura da antiga religiosidade brâmica, como repúdio a autoridade dos Vedas e condenação do sistema de castas.

A descrição refere-se às origens:

a) do budismo b) do cristianismo c) do hinduísmo
d) do judaísmo e) do espiritismo

11. (Concurso da Prefeitura de Concórdia-SC) Sobre a iluminação ou despertar presente no ensino budista, é correto afirmar:

a) é o estado mais elevado podendo ser alcançado somente pelos Budas, tendo eles a missão de divulgar a descoberta da verdadeira natureza da existência para os demais seres.
b) é o estado mais elevado podendo ser alcançado por meio de práticas ascéticas e do flagelamento corporal.
c) é o primeiro estágio na busca pela superação do *samsara*, o ciclo de morte e renascimento no qual os seres estão presos.
d) é o estado mais elevado e todos os seres humanos têm potencial para atingi-lo, podendo ser alcançado por meio do estudo dos ensinamentos, solitariamente por meio da autorrealização e sem a ajuda de um guia espiritual, e ainda pela iluminação completa e perfeita atingida pelos Budas.
e) com respeito ao seu significado espiritual, pode ser considerado como o caminho para a verdade superior.

12. (Concurso Prefeitura de Natal-RN) O hinduísmo, que se originou mais ou menos no ano 1500 a.C., possui vários livros sagrados. O mais conhecido deles chama-se:

a) Vedas b) Vishnu c) Puranas d) Bhajans

13. (Concurso Prefeitura de Natal-RN) O budismo é um sistema ético, religioso e filosófico fundado no século VI a.C. por um príncipe hindu chamado:

a) Sidarta Gautama. b) Nikita Okada.
c) Confúcio. d) Sulta Kitaka.

14. (Concurso prefeitura de Natal-RN) O seguidor do islamismo pratica sua fé de acordo com os cinco pilares de sua religião, que são:

a) profissão de fé; oração; jejum; peregrinação e esmola.
b) oração; jejum; penitência; confissão e oração.
c) confissão; esmola; adoração; louvação e penitência.
d) esmola; adoração; leitura bíblica; taoísmo e oração.

15. O que o Talmude representa para os judeus?

16. (Concurso Prefeitura de Natal-RN) O local sagrado onde os judeus se reúnem para estudar e rezar chama-se:

a) templo. b) igreja. c) catedral. d) sinagoga.

17. Ele é considerado homem da fé e lhe foi prometido uma descendência como as estrelas do céu e a areia do mar:

a) Noé b) Moisés c) Isaque d) Abraão e) Ismael

Descomplicando o ensino religioso

(Concurso Prefeitura Natal-RN) No islamismo, uma vez por ano, as pessoas adultas, durante um mês, não comem nem bebem nem fumam, enquanto o dia está claro. Esse período é chamado de:

a) Ramadã. b) Penitência.
c) Conversão. d) Doutrinação.

Resolução e comentários

O período descrito no enunciado é o Ramadã, indicado pela alternativa **a**. Durante o Ramadã, do alvorecer ao pôr do sol, os seguidores do islamismo não se alimentam, não bebem, não fumam nem praticam relações sexuais. Trata-se do Jejum do Ramadã, período de adoração e contemplação ao sagrado, que dura o mês inteiro.

Nesse período, os muçulmanos se concentram na fé e tentam não pensar nas preocupações do dia a dia.

4 Cristianismo

> O olho é a lâmpada do corpo. Se teu olho é bom, todo o teu corpo se encherá de luz. Mas se ele é mau, todo teu corpo se encherá de escuridão. Se a luz que há em ti está apagada, imensa é a escuridão.
>
> Jesus Cristo

Vida de Jesus Cristo

A vida de Jesus é relatada na *Bíblia*, mais precisamente no Novo Testamento, nos evangelhos de Mateus, Lucas, João e Marcos.

De acordo com o relato bíblico, o anjo Gabriel apareceu para Maria, a jovem noiva de José, e anunciou que ela viria a conceber do Espírito Santo e seria a mãe de Jesus. Maria era virgem.

Através de um sonho, um anjo também apareceu para José e lhe disse:

> José, filho de Davi, não temas receber a Maria, tua mulher, porque o que nela está gerado é do Espírito Santo.
>
> E ela dará à luz um filho, e lhe porás o nome de Jesus, porque ele salvará o seu povo dos seus pecados.
>
> *Bíblia Sagrada*. Mateus, capítulo 1, versículos 20-21.

Galleria degli Uffizi, Florença

Reprodução do quadro de Leonardo da Vinci: *A anunciação do Anjo Gabriel a Maria.*

José casou-se com Maria. O casal morava em Nazaré, uma cidade da província da Galileia, no norte da Palestina.

Esses fatos aconteceram durante o reinado de Herodes, o Grande (73 a.C. a 4 d.C.; governou entre 37 a.C. e 4 d.C.), que havia sido designado pelos romanos para governar a Judeia. A Palestina estava sob o domínio do império romano.

Os romanos determinaram nessa época um censo do povo judeu, visando facilitar a contagem do povo e a respectiva cobrança de impostos. Cada judeu tinha de se apresentar na cidade em que nascera. Como José era de Belém, o casal viajou para lá.

A cidade de Belém estava cheia de viajantes em decorrência do recenseamento. Não havia mais vagas nas pousadas e estalagens; desse modo, o casal só encontrou abrigo em um estábulo e foi nesse local que Jesus nasceu.

Os evangelhos citam que alguns pastores, perto de Belém, ouviram anjos do céu glorificando a Deus e cantando pelo nascimento de Cristo.

Segundo o evangelho de Mateus, Jesus recebeu a visita de três reis magos, que foram guiados por uma estrela e ofereceram ao menino ouro, incenso e mirra.

Em um sonho, José é avisado pelo anjo de Deus que deveria ir para o Egito com sua família, pois Herodes, rei da Judeia, com medo da profecia de que um messias nasceria em Belém para salvar os judeus de todo jugo, mandou matar todos os meninos recém-nascidos até 2 anos de idade.

José fez o que lhe foi anunciado e só voltou do Egito quando Herodes já havia morrido, indo morar na cidade de Nazaré, na Galileia (localizada hoje ao norte de Israel). Pelo fato de morar em Nazaré, Jesus também ficou conhecido como Jesus de Nazaré ou o Nazareno.

Sobre a infância e juventude de Jesus, encontramos o seguinte relato no evangelho de Lucas:

> E o menino crescia e se fortalecia em espírito, cheio de sabedoria; e a graça de Deus estava sobre ele.
>
> Ora, todos os anos, iam seus pais a Jerusalém, à Festa da Páscoa.
>
> E, tendo ele já doze anos, subiram a Jerusalém, segundo o costume do dia da festa.

E regressando eles, terminados aqueles dias, ficou o menino Jesus em Jerusalém, e não o souberam seus pais. [...]

E aconteceu que, passados três dias, o acharam no templo, assentado no meio dos doutores, ouvindo-os e interrogando-os.

Bíblia Sagrada. Lucas, capítulo 2, versículos 40-46.

Em seu relato, Lucas diz que, quando interpelado por Maria sobre o que fazia ali no templo, Jesus disse que tratava dos negócios de seu Pai, referindo-se não a José, e sim a seu Pai Celestial, mostrando, assim, que tinha plena consciência de sua missão como filho de Deus.

Aos trinta anos, Jesus iniciou seu ministério de pregação e anunciação das boas-novas. Inicialmente, foi batizado pelo seu primo e profeta João Batista (1 a 30 d.C.) nas águas do rio Jordão, na fronteira entre os atuais territórios de Israel e da Jordânia. João Batista era filho do sacerdote Zacarias e de Isabel, prima de Maria.

Após o batismo, Jesus recolheu-se em meditação e jejum no deserto, onde permaneceu por quarenta dias. Após esse período, começou sua peregrinação.

Alberto Salomone / Acervo Rideel

Jesus Cristo no deserto.

O ministério de Jesus durou cerca de três anos. Durante esse tempo, pregou, realizou diversos milagres e curas, mostrando a todo instante que era realmente o Messias esperado.

Saiba +

Conforme o evangelho de Lucas, Zacarias e Isabel eram pessoas justas para Deus, pois seguiam fielmente os preceitos do judaísmo. O casal não tinha filhos, pois Isabel era estéril.

Certo dia, quando o casal já estava em idade avançada, Zacarias estava no templo no momento em que recebeu a visita do anjo Gabriel que lhe anunciou que Isabel teria um filho e que se chamaria João.

Zacarias duvidou da promessa, em decorrência da idade avançada de ambos e também da esterilidade de sua esposa, mas Deus foi fiel a sua palavra e Isabel engravidou. Ela, porém, escondeu das pessoas sua gravidez durante cinco meses.

Quando Isabel estava no sexto mês de gestação, Maria, sua prima, também recebeu a visita do anjo Gabriel, anunciando que ela conceberia do Espírito Santo, o menino Jesus.

Já grávida, Maria foi visitar Isabel. De acordo com o evangelho de Lucas, no exato momento em que Maria entrou na casa de Zacarias e saudou Isabel, ouvindo a saudação, João estremeceu no ventre de sua mãe, e Isabel foi tomada pelo Espírito Santo.

Diversos discípulos seguiram Jesus, porém doze foram escolhidos pelo Mestre, aos quais ministrou mais profundamente, ficando conhecidos como os apóstolos de Cristo e tornando-se, posteriormente, responsáveis pela continuidade na pregação da Palavra de Deus. Eram eles: Simão Pedro, André, Tiago, João, Filipe, Bartolomeu, Mateus, Tomé, Tiago (filho de Alfeu), Simão, Judas (filho de Tiago) e Judas Iscariotes.

Na Galileia, Jesus Cristo desenvolveu a maior parte do seu ministério; porém também esteve em várias outras cidades, inclusive na Judeia, em Samaria e, principalmente, em Jerusalém.

Durante suas pregações, Jesus anunciava o reino de Deus, sendo seguido pela população que muito o apreciava. Pregava a igualdade de todos os seres humanos, afirmando que todos eram irmãos, sem distinção.

Jesus afirmava que era filho de Deus e, portanto, poderia perdoar os pecados dos seres humanos, aos quais veio redimir.

Em sua passagem pela Terra, Jesus questionou líderes religiosos judeus. Estes tentavam, o tempo todo, armar ciladas para Jesus. Por fim, o denunciaram às autoridades.

Juntos, autoridades e líderes religiosos submeteram Jesus Cristo a uma espécie de julgamento, acusando-o de blasfêmia e de conspiração contra o império de Roma.

Não achando culpa nele, o governador Pôncio Pilatos ainda tentou livrá-lo da acusação, dando ao povo a chance de libertar Jesus. Mas a multidão o condenou à morte na cruz, castigo lento e cruel dado a criminosos na época.

Brian Dunne | Dreamstime.com

Jesus Cristo crucificado.

Saiba +

Algum tempo antes da morte de Cristo, fora preso um homem chamado Barrabás, depois julgado e condenado à pena de morte em uma cruz.

Por aqueles dias, Jesus também fora preso, julgado e condenado. Pilatos, tentando defendê-lo, o apresentou perante o povo, pois imaginava que a multidão daria liberdade a Jesus. Diante do povo, Pilatos disse:

—Vou libertar um dos prisioneiros. Cristo ou Barrabás? Qual querem que eu solte?

E o povo, sedento de sangue, pediu que libertassem Barrabás e crucificassem Jesus.

Segundo o relato bíblico, Judas Iscariotes, um dos doze discípulos, traiu Jesus, recebendo trinta moedas de prata para mostrar às autoridades quem era o Nazareno.

Após a prisão de Jesus, Judas arrependeu-se do que fez e tentou devolver as moedas de prata, porém de nada mais adiantava seu arrependimento, pois Cristo já estava condenado à morte. Judas então enforcou-se.

De acordo com o relato bíblico, Jesus de Nazaré ressuscitou no terceiro dia, após a morte na cruz, aparecendo para os seus discípulos, dizendo-lhes:

> É-me dado todo o poder no céu e na Terra.
>
> Portanto, ide, ensinai todas as nações, batizando-as em nome do Pai, e do Filho e do Espírito Santo;
>
> Ensinando-as a guardar todas as coisas que eu vos tenho mandado; e eis que eu estou convosco todos os dias, até à consumação dos séculos.
>
> *Bíblia Sagrada*. Marcos, capítulo 28, versículos 18-20.

Em vida, o principal ensinamento de Jesus foi o **amor**. Ele resumiu todos os dez mandamentos dados a Moisés em dois: "Amai o senhor teu Deus com todo o teu coração e amai ao próximo como a ti mesmo".

Os discípulos de Jesus, mesmo perseguidos, organizaram e fundaram diversas comunidades. Com o tempo, o cristianismo se espalhou pelo mundo inteiro.

A ressurreição de Jesus Cristo é considerada o evento de maior importância para o cristianismo, pois alimenta seus seguidores com a promessa de vida eterna após a morte.

Origens do cristianismo

Jesus Cristo nasceu em uma família de judeus. Assim, o cristianismo surgiu dentro do judaísmo. Após a morte de Jesus, seus apóstolos formaram uma comunidade religiosa primitiva composta por judeus, na cidade de Jerusalém, conforme relatado nos primeiros capítulos do livro de *Atos dos Apóstolos*, na *Bíblia Sagrada*.

Inicialmente, os primeiros cristãos respeitavam a lei mosaica, frequentando o templo e seguindo várias restrições alimentares, como não comer carne de animais impuros.

Saiba +

A **lei mosaica** é composta de todo o código de leis, que é formado por 613 disposições, ordens e proibições, resumindo-se aos dez mandamentos recebidos por Moisés, diretamente de Deus, no monte Sinai.

Entre 48 d.C. e 49 d.C., foi realizada em Jerusalém uma Assembleia, conhecida como "Concílio de Jerusalém", e nela ficou decidido que os cristãos não precisavam cumprir a lei mosaica, iniciando assim a ruptura entre judeus e cristãos.

Com a invasão de Jerusalém pelos romanos, em 70 d.C., os dois grupos rompem de vez, seguindo caminhos diferentes. Lentamente, o cristianismo foi se tornando a maior religião do ocidente.

Saulo de Tarso (aproximadamente 3 d.C. a 66 d.C.) era um judeu extremamente convicto que perseguiu os primeiros cristãos. Porém, após sua conversão ao cristianismo, muito contribuiu para o crescimento deste, mudando o seu nome de Saulo para Paulo.

Paulo escreveu grande parte do Novo Testamento e foi o mais importante missionário cristão do período, levando o cristianismo para a Ásia Menor e vários locais da Europa.

Paulo também teve grande influência para que os costumes judaicos não fossem aplicados aos cristãos, ou seja, dizia que o cristão não deveria seguir a lei mosaica. Com isso, contribuiu para que muitos se tornassem adeptos do cristianismo, fazendo com que este se espalhasse rapidamente.

As primeiras comunidades cristãs normalmente faziam suas reuniões na casa de algum fiel, pois ainda não existia um templo próprio. Praticavam a fraternidade, se reuniam para orar e ler textos sagrados, além de ajudarem aos necessitados, seguindo os ensinamentos de Jesus.

Outras comunidades cristãs foram surgindo e o cristianismo crescendo. Ao final do século I d.C., o cristianismo já se encontrava em Roma, capital do império romano, e em vários outros locais.

Saiba +

Galleria Borghese, Roma / The Bridgeman Art Library – Keystone

O apóstolo Paulo.

Paulo é considerado um dos apóstolos de Cristo. Sua conversão se deu em meio à estrada para Damasco quando seguia para prender cristãos.

De acordo com o Capítulo 9 do livro Atos dos Apóstolos, Saulo dirigiu-se ao sumo sacerdote e pediu-lhe cartas para Damasco, para as sinagogas, a fim de que, caso encontrasse alguns seguidores de Jesus no caminho, quer homens quer mulheres, os conduzisse presos a Jerusalém.

Mas seguindo viagem, já próximo a Damasco, subitamente foi cercado por uma luz resplandecente e caiu por terra, cego. Então, ouviu uma voz a lhe perguntar: "Saulo, Saulo, por que me persegues?".

Atônito, Saulo perguntou: "Quem és tu, Senhor?" e a voz lhe respondeu: "Sou o Senhor Jesus, a quem tu persegues; mas levanta-te e entra na cidade, e lá te será dito o que te cumpre fazer."

Os homens que viajavam com Saulo, emudecidos, ouvindo a voz, mas sem ver ninguém, ajudaram Saulo a chegar a Damasco.

Lá, Saulo permaneceu três dias sem visão. Até que o discípulo do Senhor, Ananias, orou e Saulo voltou a enxergar.

Saulo mudou o seu nome judeu para Paulo e tornou-se o maior pregador e missionário do início da era Cristã.

Por não aceitarem a divindade do imperador romano e pregarem a igualdade de todos, os cristãos foram perseguidos incessantemente.

No império romano, existia a escravidão, que era o seu sustentáculo econômico. Assim, para os romanos, não poderia existir a igualdade de todos pregada por Jesus. Além disso, um grande incêndio ocorrido em Roma durante o governo de Nero (viveu entre 37 d.C. e 68 d.C. e governou de 54 d.C. a 68 d.C.) fez com que essa perseguição aumentasse ainda mais, pois o incêndio fora atribuído aos cristãos.

Durante três séculos os cristãos foram perseguidos pelo império romano. Milhares foram mortos, queimados em praça pública ou lutando no Coliseu (espécie de anfiteatro, onde eram exibidos diversos espetáculos) com gladiadores ou sendo atirados a animais ferozes e famintos para diversão dos romanos.

tkachuk / Shutter Stock

Coliseu de Roma

Neste período, inúmeros mártires surgiram, pois preferiam morrer a negar a fé em Jesus Cristo. Esse exemplo de fé inabalável fez com que o cristianismo se fortalecesse ainda mais.

Foi ainda durante esse período que surgiram os hereges, ou seja, pessoas que não concordavam com algum fato do cristianismo. Heresias[12], como Jesus não ter natureza divina, ou não ser filho de Maria,

[12] Heresia: doutrina contrária à Verdade revelada e pregada por Jesus Cristo.

motivo de grandes discussões no seio do cristianismo. Nesse período, também foi decidido quais seriam os livros sagrados da fé cristã.

Em 313 d.C., os cristãos deixam de ser perseguidos, pois o imperador de Roma, Constantino (272-337 d.C.), publicou o Édito de Milão, dando liberdade religiosa aos cristãos.

Constantino mandou construir em Jerusalém a Basílica do Santo Sepulcro, e em Belém a Igreja da Natividade; proibiu a feitiçaria e estipulou o domingo como dia de descanso.

Em 380 d.C., o imperador Teodósio (governou de 379 a 395 d.C.) instituiu o cristianismo como religião oficial do Império. A partir daí a Igreja pôde possuir bens oficialmente e crescer vertiginosamente.

Após ser reconhecido como religião, o cristianismo teve um rápido crescimento. O império romano teve um papel preponderante para isso. Mesmo após a queda do Império, o cristianismo continuou crescendo e se espalhando por todo o mundo, até os dias de hoje.

A *Bíblia* é o livro sagrado do cristianismo. Segundo a tradição judaico-cristã, a *Bíblia* foi escrita ao longo de um período de 1.500 anos por cerca de 40 homens pertencentes às mais diversas origens culturais e classes sociais, desde reis até pescadores. É um dos livros mais difundidos e lidos em todo o mundo.

O Antigo Testamento foi escrito em hebraico e o Novo Testamento, em grego.

A época de Jesus

Jesus nasceu em uma região da Ásia, na Palestina, que nesse período era dominada pelos romanos. Existia uma grande distinção de classes sociais, estando no topo da pirâmide os romanos, com representantes em todos os segmentos sociais; logo após vinham os sacerdotes judeus, comandantes do templo; e os ricos saduceus, que detinham o poder econômico.

Os fariseus localizavam-se abaixo dos saduceus e eram os únicos que sabiam ler e escrever. Os publicanos eram os cobradores de impostos e trabalhavam para os romanos. Os herodianos apoiavam o rei Herodes, detentor do poder naquele período histórico. Os zelotes eram extremamente radicais e queriam voltar a ser livres. Por último, vinham os excluídos da sociedade, ou seja, os pobres, compostos por estrangeiros, deficientes físicos, viúvas, prostitutas, leprosos, pescadores, escravos, entre outros.

O povo era bastante explorado, pois pagava altos impostos aos romanos, que detinham o controle de todas as questões internas do país.

Em Jerusalém, estava localizado o templo, cujo controle ficava nas mãos de um sumo sacerdote nomeado pelos romanos. O templo representava toda a vida econômica da Palestina, sendo o sumo sacerdote, além de líder religioso, também o chefe político.

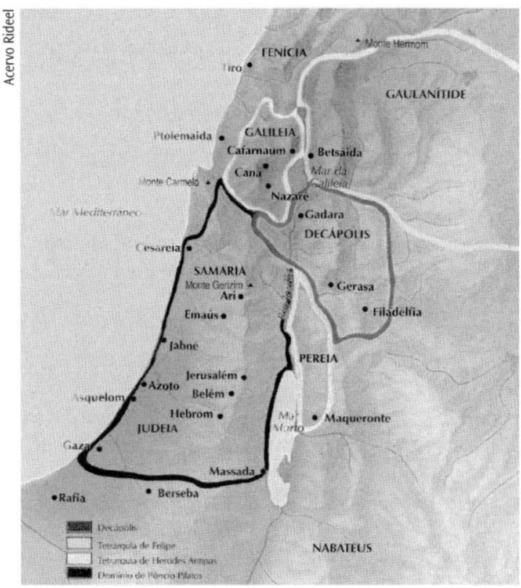

Mapa da região de Jerusalém na época de Cristo.

Jesus era filho de um carpinteiro, José, e pertencia, portanto, à última classe social, ou seja, a dos excluídos, a qual defendia.

Os pobres, nesse período, não podiam participar do poder político, não tinham oportunidade de adquirir conhecimento e eram extremamente humilhados e explorados.

O filho de José e de Maria, além de valorizar os excluídos da sociedade, pregava a igualdade, contrariando assim a classe dominante, sendo, por isso, considerado uma ameaça.

Jesus proclamava ser o filho de Deus, o Messias, que há muito era esperado para reconstruir Israel e trazer a paz, segundo uma antiga profecia. Em suas pregações, anunciava um novo tempo, o reinado de Deus na Terra, mas quem quisesse herdar isso teria que nascer de novo.

As parábolas

Em diversas ocasiões, Jesus utilizava parábolas (histórias curtas com ensinamentos morais) para explicar sua doutrina. Esse era um modo mais fácil de levar a multidão que o seguia a refletir sobre os ensinamentos que pregava.

Leia uma das parábolas contadas por Jesus, quando ele estava pregando e anunciando as boas-novas de Deus em meio à multidão:

A parábola do bom samaritano

E eis que se levantou um certo doutor da lei, tentando-o e dizendo: Mestre, que farei para herdar a vida eterna?

E Ele lhe disse: Que está escrito na lei: Como lês?

E respondendo, Ele disse: Amarás ao Senhor, teu Deus, de todo o teu coração, e de toda a tua alma, e de todas as tuas forças, e de todo o teu entendimento e ao teu próximo como a ti mesmo.

E disse-lhe: Respondeste bem; faze isso e viverás.

Ele, porém, querendo justificar-se a si mesmo, disse a Jesus: E quem é o meu próximo?

E, respondendo Jesus, disse: "Descia um homem de Jerusalém para Jericó, e caiu nas mãos dos salteadores, os quais o despojaram e, espancando-o, se retiraram, deixando-o meio morto.

E, de igual modo, também um levita, chegando àquele lugar e vendo-o, passou de largo.

Mas um samaritano que ia de viagem chegou ao pé dele e, vendo-o, moveu-se de íntima compaixão.

E, aproximando-se, atou-lhe as feridas, aplicando-lhes azeite e vinho; e pondo-o sobre a sua cavalgadura, levou-o para uma estalagem e cuidou dele;

E, partindo ao outro dia, tirou dois dinheiros, e deu-os ao hospedeiro, e disse-lhe: Cuida dele, e tudo o que de mais gastares eu to pagarei, quando voltar.

Qual, pois, destes três te parece que foi o próximo daquele que caiu nas mãos de salteadores?

E ele disse: O que usou de misericórdia para com ele.

Disse, pois, Jesus: Vai e faze da mesma maneira.

Os fariseus criticavam Jesus pelo fato de ele tratar com igualdade as pessoas vistas por eles como pecadores.

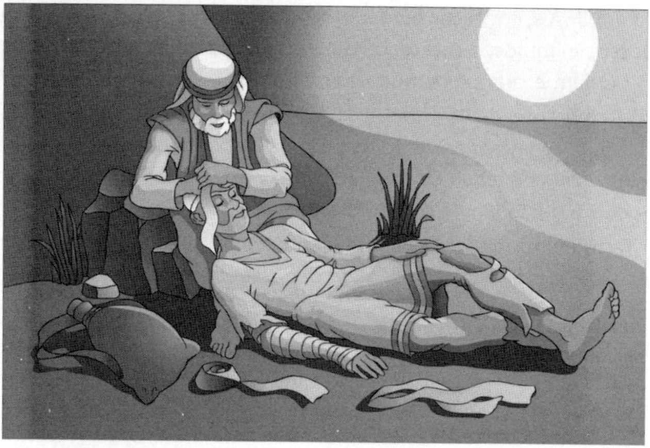
Yuriy Nosenko | Dreamstime.com

O bom samaritano ajudando ao judeu.

Saiba +

Os judeus e os samaritanos não mantinham boas relações, mas, segundo esta parábola, o samaritano superou essa diferença e agiu como se manda o velho provérbio, fazendo o bem sem olhar a quem.

Jesus execrava o pecado, mas acreditava no perdão. Pregava que o arrependimento dos pecados associado à fé leva os seres humanos à salvação.

A maior parte das autoridades religiosas da época classificava como blasfêmias os ensinamentos de Jesus, pois consideravam que ele ultrajava o judaísmo.

Jesus era visto pela classe dominante como um revolucionário e, portanto, alguém que desestabilizava, ameaçava a ordem social vigente até então, pois o que predominava nessa época era a Lei de Talião, e a fala de Jesus era totalmente contrária a isso, porque ensinava o perdão.

Saiba +

A Lei de Talião consistia na rigorosa reciprocidade do crime e da pena, é expressa pela máxima *olho por olho, dente por dente*.

Para Jesus, todo ser humano deve amar seus adversários: "Amai a vossos inimigos, bendizei os que vos maldizem, fazei bem aos que vos odeiam e orai pelos que vos maltratam e vos perseguem". (Mateus 5: 44)

Jesus pregava o amor a Deus acima de todas as coisas. Também ensinava que deveríamos amar aos nossos semelhantes, além de tratá-los como gostaríamos de sermos tratados.

Jesus utilizou-se da fé para realizar diversas curas e milagres. Constam na *Bíblia* diversas curas, além de ressuscitamentos. Como este:

> E, entrando Jesus em Cafarnaum, chegou junto dele um centurião, rogando-lhe e dizendo: Senhor, o meu criado jaz em casa paralítico e muito atormentado.
>
> E Jesus lhe disse: Eu irei e lhe darei saúde.
>
> E o centurião, respondendo, disse: Senhor, não sou digno de que entres sob meu teto, mas dize somente uma palavra, e o meu criado sarará, pois também eu sou homem sob autoridade e tenho soldados às minhas ordens; e digo a este: vai, e ele vai: e a outro: vem, e ele vem; e ao meu criado: faze isto, e ele o faz.
>
> E maravilhou-se Jesus ouvindo isso, e disse aos que o seguiam: Em verdade vos digo que nem mesmo em Israel encontrei tanta fé.
>
> Mas eu vos digo que muitos virão do Oriente e do Ocidente e assentar-se-ão à mesa com Abraão, e Isaac, e Jacó, no Reino dos céus;
>
> E os filhos do Reino serão lançados nas trevas exteriores; ali, haverá pranto e ranger de dentes.
>
> Então, disse Jesus ao centurião: Vai, e como creste te seja feito. E, naquela mesma hora, o seu criado sarou.
>
> *Bíblia Sagrada.* Mateus, capítulo 8, versículos 5-13.

Em seus ensinamentos, estava incluída a importância da conversão, da negação de outros deuses, da crença em somente um Deus, como está escrito na *Bíblia*, e, principalmente, da fraternidade.

Jesus demonstrou, através dos diversos milagres que realizou, o amor e a misericórdia de Deus. Demonstrou compaixão e misericórdia pelas pessoas doentes, predileção pelos fracos e, principalmente, esperança para todas as pessoas sofridas e humilhadas. Amou até mesmo aos inimigos. Seu objetivo era levar os humanos a se reencontrarem com Deus.

Os últimos instantes da vida de Jesus Cristo demonstram toda a sua obediência a Deus, e sua morte — pregado na cruz — foi um sacrifício para que todos possam ser salvos, o caminho para se chegar

Jeusus, o exemplo de vida seguido pelos cristãos.

ao Criador. Representa um modelo a ser seguido, além de esperança e de vida nova.

Para os cristãos, a vida de Jesus é um exemplo a ser seguido. Acredita-se que ele é o Filho de Deus que veio ao mundo sob a forma humana, ou seja, destituído da forma divina, para libertar os seres humanos do pecado e oferecer a eles a oportunidade de vida eterna através do seu sacrifício — a morte na cruz — e de sua ressurreição presenciada pelos seus seguidores.

Desse modo, a salvação espiritual é oferecida gratuitamente, mas os seres humanos têm o livre-arbítrio[13] para desejá-la ou não.

Para os cristãos, aquele que deseja a salvação deve reconhecer que a morte de Jesus foi um sacrifício em prol da humanidade e deve buscar Deus na figura de Jesus, aceitando-o como salvador e senhor de sua vida, pois creem que sentir a presença de Deus é uma experiência transformadora e sobrenatural, acima da realidade da natureza humana.

[13] Lívre-arbítrio é a liberdade humana de determinar suas próprias escolhas.

Os apóstolos e seguidores de Jesus

Os discípulos e **apóstolos** de Jesus foram homens enviados a pregar o evangelho (boas-novas, boas notícias).

O apóstolo Lucas escreveu em seu evangelho (capítulo 6, versículo 13): "Ele chamou para si os seus discípulos, e deles escolheu doze, a quem ele chamou de apóstolos".

Paulo também é considerado um dos apóstolos de Jesus, em decorrência da importância que teve na disseminação do evangelho entre os não-judeus.

O cristianismo, pelo trabalho dos apóstolos, foi pregado a outros povos, o que o fez crescer e também influenciar a história humana.

Os apóstolos e seguidores de Cristo sofreram por divulgar a fé cristã. Foram perseguidos, presos, torturados e assassinados. Conforme o livro de *Atos*, o apóstolo Pedro foi preso várias vezes por pregar a Palavra de Deus.

Estudos afirmam que Pedro foi crucificado na cidade de Roma em decorrência da perseguição do imperador romano. Contam que, ao ser condenado a morte, Pedro pediu para ser crucificado de cabeça para baixo, pois não se achava digno de morrer na mesma posição que Jesus.

O apóstolo Tiago foi executado por Herodes por volta do ano 44 d.C., conforme atesta a própria *Bíblia*. Do mesmo modo, conforme a *Bíblia*, Estevão, um dos seguidores da Palavra, que se tornou diácono na igreja primitiva, foi apedrejado até a morte.

Paulo, convertido após a morte de Jesus, foi perseguido e preso por pregar o evangelho. Morreu decapitado após ser acusado de falta de lealdade a Roma.

Na maior parte do mundo, o evangelho é acessível a toda e qualquer pessoa. Na maioria dos países, todos podem pregar e seguir os preceitos religiosos que desejarem. A liberdade que se tem hoje para servir a Deus foi conquistada à custa de muito sofrimento, perseguição, dor e sangue, deste e de outros mártires cristãos, muitos deles anônimos.

O apóstolo João, ao escrever o livro Apocalipse, recorreu a linguagem figurada e simbólica em decorrência de o livro ter sido escrito em época de perseguições. Seu objetivo era preservar os escritos caso caíssem nas mãos dos perseguidores.

O poder da Igreja

Com o decorrer do tempo, a Igreja católica passou a deter muito poder e influência nas questões políticas, além de se tornar extremamente rica, sendo, portanto, o contrário do que pregava em seus primórdios.

Muitos fiéis posicionaram-se contra todo esse poder e riqueza e pretendiam que a Igreja retornasse ao que era antes, ou seja, que se preocupasse apenas com as questões espirituais, deixando ao rei ou ao governante que representava o Estado as questões políticas, além, é claro, do retorno à pobreza e humildade apresentada em seu início.

A Igreja católica apresentava claros sinais de decadência, preocupando-se com questões políticas e econômicas, e deixando de lado o fundamental, que era a questão religiosa.

A Reforma representou a expressão de insatisfação de diversas pessoas com as atitudes tomadas pela Igreja católica e seu afastamento com relação aos princípios primordiais do cristianismo.

Sobretudo durante a Idade Média (século V a XV), a Igreja católica se tornou extremamente rica e poderosa, interferindo até mesmo nas decisões políticas. Os representantes da Igreja, tais como bispos, abades e cardeais, possuíam enormes feudos[14] e diversos servos.

Cargos religiosos eram comprados, mesmo para pessoas despreparadas; praticavam o comércio de artigos religiosos fraudulentos, além de venderem indulgências.

As indulgências representavam o perdão dos pecados; ou seja, a pessoa que queria ser perdoada de seus pecados fazia uma rica doação para a Igreja, que, em troca, dava-lhe um certificado que representava o perdão de todos os pecados praticados por ela. Os líderes religiosos da Igreja católica recebiam assim uma boa quantia de dinheiro, proporcionando a si uma vida bastante confortável.

Apesar de a Igreja condenar a acumulação de capitais, ela mesma o fazia, contrariando os ensinamentos de Jesus Cristo e os valores do cristianismo primitivo.

[14] Feudos: terra concedida pelo senhor feudal ao vassalo, em troca de serviços e tributos.

A burguesia precisava de uma religião que não condenasse o acúmulo de dinheiro e de bens materiais, prática condenada pela Igreja, e procurava uma forma de atingir esse objetivo.

Diversos teólogos criticaram as atitudes tomadas pela Igreja; dentre eles:

John Wycliffe (1320-1384), um famoso teólogo e professor da Universidade de Oxford, foi defensor de mudanças na Igreja católica. Criticava o acúmulo de riqueza dos sacerdotes, e acreditava que as terras da Igreja deveriam ser do governo.

John Wycliffe

John Huss (1369-1415), reitor da Universidade de Praga, também era favorável a uma grande reforma na Igreja católica. Pregava a subordinação do poder eclesiástico ao poder civil e o retorno ao culto do evangelho. Foi apoiado pelos camponeses; sentindo-se ameaçada, a Igreja o acusou de heresia, condenando-o à fogueira.

John Huss

Martinho Lutero (1483-1546), teólogo alemão que, ao contrário de seus antecessores, conseguiu deflagrar a reforma que muitos queriam. Era contrário à prática das indulgências e acreditava que somente a fé poderia salvar o pecador.

Germanisches Nationalmuseum, Nurenberg

Martinho Lutero

A Reforma

O papa Leão X (1513-1521) queria terminar a construção da Basílica de São Pedro e prometeu o perdão dos pecados (as indulgências) a todos que dessem dinheiro para essa construção. Revoltado com esse ato, Martinho Lutero posicionou-se, pregando na porta de sua paróquia 95 teses contrárias a essas práticas. Leia a seguir algumas dessas teses:

> [...]
>
> **21.** Erram, portanto, os pregadores de indulgências que afirmam que a pessoa é absolvida de toda pena e salva pelas indulgências do papa.
>
> **22.** Com efeito, ele não dispensa as almas no purgatório de uma única pena que, segundo os cânones, elas deveriam ter pago nesta vida.
>
> **23.** Se é que se pode dar algum perdão de todas as penas a alguém, ele, certamente, só é dado aos mais perfeitos, isto é, pouquíssimos.
>
> **24.** Por isso, a maior parte do povo está sendo necessariamente ludibriada por essa magnífica e indistinta promessa de absolvição da pena. [...]
>
> **27.** Pregam doutrina humana os que dizem que, tão logo tilintar a moeda lançada na caixa, a alma sairá voando [do purgatório para o céu].

28. Certo é que, ao tilintar a moeda na caixa, podem aumentar o lucro e a cobiça; a intercessão da Igreja, porém, depende apenas da vontade de Deus. [...]

32. Serão condenados em eternidade, juntamente com seus mestres, aqueles que se julgam seguros de sua salvação através de carta de indulgência. [...]

36. Qualquer cristão verdadeiramente arrependido tem direito à remissão pela pena e culpa, mesmo sem carta de indulgência.

42. Deve-se ensinar aos cristãos que não é pensamento do papa que a compra de indulgências possa, de alguma forma, ser comparada com as obras de misericórdia.

43. Deve-se ensinar aos cristãos que, dando ao pobre ou emprestando ao necessitado, procedem melhor do que se comprassem indulgências.

44. Ocorre que através da obra de amor cresce o amor e a pessoa se torna melhor, ao passo que com as indulgências ela não se torna melhor, mas apenas mais livre da pena.

45. Deve-se ensinar aos cristãos que quem vê um carente e o negligencia para gastar com indulgências obtém para si não as indulgências do papa, mas a ira de Deus.

46. Deve-se ensinar aos cristãos que, se não tiverem bens em abundância, devem conservar o que é necessário para sua casa e de forma alguma desperdiçar dinheiro com indulgência. [...]

52. Vã é a confiança na salvação por meio de cartas de indulgências, mesmo que o comissário ou até mesmo o próprio papa desse sua alma como garantia pelas mesmas. [...]

62. O verdadeiro tesouro da Igreja é o santíssimo Evangelho da glória e da graça de Deus. [...]

67. As indulgências apregoadas pelos seus vendedores como as maiores graças realmente podem ser entendidas como tal, na medida em que dão boa renda. [...]

75. A opinião de que as indulgências papais são tão eficazes ao ponto de poderem absolver um homem mesmo que tivesse violentado a mãe de Deus, caso isso fosse possível, é loucura.

76. Afirmamos, pelo contrário, que as indulgências papais não podem anular sequer o menor dos pecados veniais no que se refere à sua culpa. [...]

84. Do mesmo modo: que nova piedade de Deus e do papa é essa: por causa do dinheiro, permitem ao ímpio e inimigo redimir uma alma piedosa e amiga de Deus, porém não a redimem por causa da necessidade da mesma alma piedosa e dileta, por amor gratuito? [...]

86. Do mesmo modo: por que o papa, cuja fortuna hoje é maior do que a dos mais ricos Crassos, não constrói com seu próprio dinheiro ao menos esta uma basílica de São Pedro, ao invés de fazê-lo com o dinheiro dos pobres fiéis? [...]

O papa exigiu que Lutero se retratasse, porém isso jamais ocorreu. Leão X, então, escreveu uma bula papal, dando a Lutero sessenta dias para se retratar. Essa bula foi queimada por Lutero em plena praça pública, levando o papa a excomungá-lo e a expulsá-lo da Igreja.

Saiba +

Bula papal é um documento selado com o timbre do papa, onde ele se manifesta sobre determinado assunto de seu interesse, desde a designação de um bispo até a definição de um dogma da Igreja.

Lutero foi apoiado pela nobreza alemã, que se interessava pela Reforma, pois com ela haveria uma ruptura com Roma, ficando o patrimônio da igreja na Alemanha ao alcance dos nobres, além de ficarem livres da obediência à Igreja católica.

Os príncipes, ao tomarem as terras da Igreja que estavam em seus principados, aumentaram ainda mais seu poder e sua riqueza. Com tal apoio, Lutero rompeu com a Igreja católica, fundando uma nova igreja, a Luterana.

Porém, o imperador, por ser católico, recusava-se a oficializar o luteranismo, e, como represália, os príncipes interessados nessa oficialização protestaram contra a recusa do imperador, surgindo assim o protestantismo, que deflagrou vários conflitos armados, ou seja, várias guerras religiosas.

Musée d'Archeologie et d'Histoire, Lausanne / The Bridgeman Art Library – Keystone

Massacre da noite de São Bartolomeu, episódio sangrento na repressão a protestantes na França, a mando dos reis católicos, iniciado em agosto de 1572 e que se estendeu por meses. Estima-se que foram dizimados cerca de 100.000 protestantes franceses.

A reforma protestante teve importante ligação com as realidades econômicas, políticas e sociais daquela época.

Os protestantes tinham uma visão positiva do trabalho e do lucro. A Reforma significou, também, um protesto contra a opulência da igreja majoritária e sua interferência na economia das nações europeias.

Assim, a Reforma iniciada por Martinho Lutero dividiu o cristianismo, pois deu origem a igrejas protestantes ou evangélicas que passaram a competir e conviver com a Igreja católica.

Francisco de Assis, um pregador do evangelho

Em 1181, nasceu em Assis, na Itália, Francesco Bernardone, filho de um rico comerciante de tecidos. Mais tarde, Francesco se tornaria São Francisco de Assis.

Francisco viveu sua juventude entre seus amigos, aproveitando tudo que sua condição financeira poderia lhe dar.

Trabalhou com o pai na loja de tecidos e, mais tarde, tentou a carreira militar, quando teve então um sonho revelador, que o chamava para servir a Deus.

Começava, assim, sua vida de dedicação aos pobres, doentes e necessitados.

Recebeu ainda outros chamados divinos que o levaram a vender toda a mercadoria da loja paterna para reformar uma Igreja, pelo que foi então deserdado pelo pai.

Francisco de Assis renunciou a todos os bens materiais e passou a viver em extrema pobreza, fundando a Ordem dos Frades Menores, levando a partir daí uma vida itinerante, pregando o cristianismo em todos os lugares por onde passava.

Cuidava de viúvas, crianças e todo tipo de necessitado. Orava constantemente por todos os pecadores, pregava a paz e acreditava na penitência como um meio de salvação.

Vivia em constante jejum e considerava-se um grande pecador. Ele e seus seguidores jamais poderiam possuir bens materiais, possuindo apenas a túnica que lhe vestia, o cordão para amarrá-la e as sandálias. Anunciava humildade, trabalho, caridade e total devoção a Deus. Ensinava aos seus seguidores que não deviam ser vaidosos, orgulhosos ou egoístas.

São Francisco de Assis

Francisco pregou em inúmeras cidades, viajando também para o Oriente. Em todos os locais por onde passou, realizava milagres através da oração, além de restabelecer a paz e converter inúmeras pessoas ao cristianismo. Assim como Jesus Cristo, acreditava que todos os seres eram iguais, e pregava a união de todos.

Amava e respeitava a natureza, chamando aos animais de irmãos. Ficou conhecido como o santo amigo dos animais e da natureza.

Francisco de Assis faleceu em 1226. Foi canonizado pela Igreja católica em 1228 e, em 1939, foi proclamado o padroeiro da Itália. A Ordem fundada por ele permanece em atividade até hoje.

Teste seu saber

1. **(Concurso Prefeitura de Concórdia-SC) Central para a doutrina cristã são os conceitos acerca da pessoa de Jesus Cristo. A seguir, apenas uma afirmação está de acordo com a crença cristã:**
   a) Jesus possuía apenas natureza humana.
   b) Jesus foi o último grande profeta.
   c) Jesus foi plenamente humano e plenamente Deus.
   d) Jesus foi um homem que alcançou a iluminação.
   e) Jesus possuía uma terceira natureza a partir da união do humano com o divino.

2. **Jesus Cristo nasceu em uma família de:**
   a) islâmicos b) budistas c) judeus
   d) cristãos e) católicos

3. **(Concurso Prefeitura de Concórdia-SC) Assinale o evento de maior importância para o cristianismo.**
   a) o batismo de Jesus Cristo por João Batista.
   b) o nascimento virginal de Jesus Cristo.
   c) a paixão de Jesus Cristo.
   d) a ressurreição de Jesus Cristo.
   e) a santa ceia de Jesus Cristo com seus discípulos.

4. **Segundo o relato bíblico, quem batizou Jesus Cristo e onde ocorreu?**
   a) José / rio Nilo b) João Batista / rio Jordão
   c) Paulo / rio Eufrates d) Sumo sacerdote / templo judeu

5. **(ESPM-SP) A 27ª tese de Martinho Lutero afirmava:**
   Pregam doutrina puramente humana os que dizem que logo que o dinheiro cai na caixa a alma se liberta.

   Gustavo de Freitas. *900 textos e documentos de História*. Lisboa: Plátano, 1976. v. 2, p. 165.

   Com essa tese, Lutero:
   a) reafirmava a salvação da alma pela fé e pelas boas obras, contrariando o dogma católico que determina a salvação unicamente pela fé.
   b) criticava a centralização das decisões religiosas nas mãos do papa e propunha a formação de um grande tribunal de discussão teológica.
   c) defendia o fim da Igreja católica, que se encontrava mergulhada em inúmeros escândalos de corrupção financeira.
   d) criticava a venda de indulgências praticada por muitos padres, que afirmavam que as doações de riquezas à Igreja salvariam a alma dos doadores e de seus parentes.

c) propunha o fim das promoções eclesiásticas baseadas no critério da riqueza pessoal ou familiar dos padres promovidos.

6. (Unirio-RJ) Leia o texto:

Em outubro, depois de 4 séculos de separação e de 32 anos de conversações, católicos e luteranos assinam, na Alemanha, acordo que estabeleceu um consenso sobre a principal questão teológica que os afastou. O documento conjunto vai explicar de que modo as duas denominações encaram hoje a salvação – o instante em que, após a morte, os cristãos se libertariam de todos os pecados e se encontrariam com Deus na eternidade.

Folha de S.Paulo, 19 set. 1999.

A tese luterana motivadora dos 4 séculos de separação afirmava que a salvação era:

a) objeto exclusivo da graça, isto é, a predestinação.
b) fruto das boas obras e de uma vida virtuosa.
c) obtida somente pela fé.
d) atingida pela combinação da fé e das boas obras.
e) resultado da prática constante de orações.

7. **(UFMG) Todas as alternativas contêm pregações dos protestantes à época da Reforma, exceto:**

a) "Deus chama cada um para uma vocação cujo objetivo é a glorificação de Deus. O pobre é suspeito de preguiça, que é uma injúria a Deus."
b) "Não nos tornamos justos à força de agir com justiça, mas porque somos justificados que fazemos coisas justas."
c) "O rei é o supremo chefe da Igreja. Tem todo poder de examinar, reprimir, corrigir erros e heresias, a fim de conservar a paz no Reino."
d) "Pois Deus criou os homens todos em condições semelhantes, mas ordena uns à vida eterna e outros à eterna condenação."
e) "Trazei o dinheiro! Salvai vossos antepassados! Assim que tilintar em nossa sacola, suas almas passarão imediatamente ao Paraíso."

8. **(Concurso Prefeitura de Natal-RN) Os fundamentos das religiões orientam a vida dos seus seguidores. O cristianismo tem como princípio fundamental:**

a) amar a Deus e ao próximo.
b) amar a Nossa Senhora.
c) amar os sacramentos e os dogmas.
d) amar os mártires e a igreja.

9. (Concurso Prefeitura de Natal-RN) O livro do apóstolo João, escrito em linguagem figurada porque se dirigia aos cristãos em tempo de perseguição, apresenta Cristo como o Senhor da história. Esse livro é chamado de:

a) histórico. b) apostólico.
c) apócrifo. d) Apocalipse.

10. Um dos maiores propagadores do cristianismo foi, antes de sua conversão, um dos maiores perseguidores dos seguidores de Jesus:

a) João, o evangelista b) Paulo
c) Mateus d) Pedro
e) Marco

Descomplicando o ensino religioso

(UFSC) Leia este texto:

Tendo o Mar Mediterrâneo como cenário do seu desenvolvimento, destacaram-se os hebreus (judeus, israelitas) por terem sido o primeiro povo conhecido que afirmou sua fé em um único Deus. As bases da história, da filosofia, da religião e das leis hebraicas estão contidas na Bíblia, cujos relatos, em parte confirmados por achados arqueológicos, permitem traçar a evolução histórica e cultural do povo hebreu e identificar suas influências sobre outras civilizações.

Assinale a proposição correta nas suas referências à cultura hebraica.

I. Os hebreus destacaram-se em diferentes áreas do conhecimento humano e nos legaram os livros do Antigo Testamento (Torá).
II. O vínculo visível das influências do judaísmo sobre o cristianismo está na pessoa de Cristo, considerado o Messias pelas duas religiões.
III. Entre os princípios religiosos contidos na Bíblia está o politeísmo, isto é, a crença em muitos deuses.
IV. O Pentateuco, o Talmude e o Alcorão representam o conjunto dos escritos que reúnem os preceitos do judaísmo.

Resolução e comentários

A proposição II está errada porque Cristo não é considerado *messias* pelos judeus, e sim pelos cristãos. Na proposição III, encontramos uma afirmação que se opõe a tudo o que é pregado na *Bíblia* quanto à crença em um único Deus: Javé. E, finalmente, a proposição IV acrescenta entre escritos sagrados do judaísmo o *Alcorão*, que é, na verdade, sagrado para o islamismo. Desse modo, apenas a afirmativa I contém afirmações corretas e adequadas quanto ao povo hebreu.

5 Problemas mundiais

Achar que o mundo não tem um criador é o mesmo que afirmar que um dicionário é o resultado de uma explosão numa tipografia.

Benjamin Franklin

A violência no mundo

Um dos problemas mais graves da sociedade moderna ainda é a violência. Ela existe sob várias formas: terrorismo, assaltos, sequestros, assassinatos, violência doméstica, urbana etc.

O problema da violência é crônico e atinge todas as classes sociais e todas as idades. No entanto, a violência não é algo apenas do cotidiano. Ao longo de toda a história humana a violência esteve presente; até mesmo o primeiro livro da *Bíblia* narra a violência com a qual Caim, filho primogênito de Adão e Eva, matou Abel, seu irmão mais novo.

Coleção Particular

Caim matando Abel.

Segundo o relato do livro de Gênesis, em determinada ocasião, Caim e Abel apresentaram ofertas a Deus. Mas Deus se agradou mais da oferta de Abel, presume-se que pelo fato de Abel ter oferecido o sacrifício com fé.

Cheio de ira, ciúme e inveja, Caim convidou Abel para ir ao campo. Lá, Caim matou Abel, sendo este o primeiro homicídio narrado pela *Bíblia*.

A forma mais expressiva de violência costuma ser atribuída às guerras entre povos e, ao longo da existência humana, foram inúmeros os conflitos e as guerras. Além dos diversos conflitos entre dois países, das guerras civis e das guerras militares, ocorreram duas grandes guerras mundiais, envolvendo grande parte das nações do planeta. A Primeira Guerra Mundial ocorreu do ano 1914 a 1918. A Segunda, de 1939 a 1945.

NARA / USA Government

Cena da Segunda Guerra Mundial: Londres bombardeada.

Algumas guerras têm motivações religiosas, como as Cruzadas (século XI ao XIV), Guerra dos Cem Anos (1337-1453) e, mais recente, a guerra entre católicos e protestantes na Irlanda do Norte. Geralmente, nesses conflitos centenas de pessoas morrem em nome da religião, que somente prega a paz.

Uma das mais acirradas manifestações do conflito entre católicos e protestantes na Irlanda do Norte iniciou-se em 5 de outubro de 1968, porém surgiu ainda na Idade Média, mais precisamente no século XII, por motivos territoriais. Em 8 de maio de 2007, foi assinado um acordo entre as partes, com o objetivo de pôr fim ao conflito.

Por outro lado, os ataques terroristas multiplicam-se na maior parte do planeta, mantendo constantemente a população mundial insegura e apavorada.

O ataque às torres gêmeas nos Estados Unidos, ocorrido em 11 de setembro de 2001, foi um exemplo do horror e da violência que um ataque desses provoca. Esse terrível ato terrorista[15] marcou a história e seus reflexos são sentidos até hoje.

Ken Tannenbaum | Dreamstime.com

Ataque às torres gêmeas ocorrido nos Estados Unidos, no dia 11 de setembro de 2001.

A violência ocorre inclusive nos esportes coletivos, com brigas e agressões entre jogadores de times adversários, jogadores e árbitros, entre torcedores etc.

No Brasil, a violência entre torcidas organizadas de equipes de futebol tem causado enorme polêmica e discussão a respeito da existência desses grupos, visto que já foram contabilizadas diversas mortes e ferimentos graves nestes conflitos, além de depredação de bens públicos e privados.

[15] Terrorismo é um modo de agir contra a ordem estabelecida, consistente em usar a violência sob qualquer forma; os ataques ocorrem contra o povo ou contra o governo, objetivando causar pavor em toda a nação.

Tudo isso se opõe aos objetivos da prática esportiva, cuja finalidade é propiciar a melhora da saúde física e mental, além do entretenimento saudável, sendo, portanto, incabíveis tais atos de violência.

Os casos de violência na família também são uma marca da sociedade moderna. O esperado é que os membros de uma família convivam propiciando uns aos outros apoio, compreensão, respeito e amor. Contudo, em algumas famílias também imperam ódio, desrespeito, tortura física e psicológica, escravidão, humilhação, submissão e violência.

Também são recorrentes nas notícias de jornal histórias reais de pais / padrastos que espancam os filhos / enteados, causando muitas vezes a morte de crianças e adolescentes.

Filhos em cárcere privado, adolescentes abandonando suas casas em decorrência de maus-tratos, pais abandonando filhos nas ruas das grandes cidades, jovens drogados que agridem os pais, casais que discutem na frente dos filhos, espancamento de mulheres, de idosos e crianças, além de diversos outros casos, já banalizados no cotidiano da sociedade atual, revelam a desagregação e a violência também na família.

O índice de criminalidade também é alarmante e crescente. Cada vez mais cedo, o indivíduo tem entrado no mundo do crime.

Existem diversas outras formas de violência, como a pedofilia, a violência no trânsito, o trabalho infantil.

Estudiosos têm afirmado que, entre outras causas, a desigualdade econômica e social, a prática do racismo e do preconceito, a extrema pobreza, o desemprego, a falta de habitação, a educação precária e, principalmente, a desvalorização dos valores morais e espirituais são algumas das causas da violência.

Em todo o mundo e, sobretudo, nos países em desenvolvimento, há desigualdade social e exclusão. De certa forma, a minoria detém o poder e a riqueza, enquanto a maioria vive em péssimas condições, privada de condições mínimas, e muitos em situação de extrema miséria, como é o caso da grande maioria da população africana.

Muitas pessoas partem para uma vida de violência e de criminalidade, mas nem todos que vivem em situações semelhantes trilham esse caminho. A maioria luta por uma vida melhor e mais digna, sem fazer uso da violência nem aderir à criminalidade.

Não se pode atribuir a criminalidade apenas a pessoas das classes mais simples. Pessoas com alto poder aquisitivo, que jamais vivenciaram as dificuldades da pobreza, também cometem os mais variados crimes. Desse modo, a violência existente não pode ser atribuída à condição econômica de uma pessoa.

Por outro lado, a pobreza não é fruto da sociedade atual, pois, no decorrer da história humana, a pobreza sempre predominou para a maior parte das pessoas. Os excluídos da sociedade já existiam antes mesmo do nascimento de Jesus e também na época dele.

Conforme os relatos bíblicos, Jesus se posicionou contra a situação em que o povo simples se encontrava nesse período. Cristo pregava a igualdade social, sem o uso da violência, do mesmo modo que, mais tarde, Mahatma Gandhi o fez, como vimos, vencendo a violência com a não violência, através de um movimento de resistência pacífico, caracterizado pela desobediência civil.

É certo que todos os seres humanos devem respeitar o seu semelhante, ser tolerante, solidário e compreender que a violência é um problema de toda a sociedade, que existe em todos os lugares do mundo, e não são apenas os governos que têm a responsabilidade e o dever de acabar com ela.

Todos os seres humanos devem lutar pacificamente contra a violência e as injustiças sociais, vivendo e ensinando valores morais para as crianças, valorizando o sistema educacional e a família.

Nesse sentido, a religião é de suma importância no combate à violência, pois tem o objetivo de levar a paz e a fraternidade entre todos, para que assim todos possam viver melhor, como irmãos, conforme os ensinamentos de Jesus.

Os valores espirituais que a religião desperta fazem com que cada um veja o outro realmente como seu semelhante, tratando-o com igualdade.

A paz não é uma utopia; pode ser alcançada e depende da atitude de cada pessoa.

Racismo e preconceito

Um dos problemas sociais mais graves e cruéis de todo o mundo é o preconceito racial. Em algumas partes do mundo, por razões históricas, os indígenas e os negros são os que mais sofreram e sofrem com esse preconceito, e também com a questão da desigualdade social. Também os judeus sofreram ao longo da história em decorrência desse mesmo tipo de preconceito.

A luta do negro pela igualdade social é antiga em toda parte do mundo. No caso do Brasil, ela se iniciou na época da colonização e, de certo modo, perdura até hoje, mesmo após a abolição da escravatura, ocorrida em 1888.

Na época em que o Brasil era escravocata[16], os quilombos (local nas matas e serras onde escravos fugidos se refugiavam)[17] e as rebeliões representaram a resistência dos negros à injusta condição em que viviam. Na atualidade, os negros continuam a lutar por melhores condições sociais, por escolaridade, por trabalho e, sobretudo, contra o preconceito.

O artigo 5º da *Constituição Federal* afirma que "todos são iguais perante a lei, sem distinção de qualquer natureza". E afirma também que "a prática do racismo constitui crime inafiançável e imprescritível, sujeito à pena de reclusão, nos termos da lei".

Mas, apesar de ser uma lei, ela não é plenamente respeitada, já que o preconceito racial continua a existir, ora de forma dissimulada, ora de modo explícito.

Leia uma reportagem sobre um caso que ficou conhecido como Cinderela negra, amplamente divulgado na imprensa brasileira, que ocorreu em meados de 1993.

"Cinderela negra", humilhada e agredida

A estudante Ana Flávia Peçanha de Azeredo, negra, 19 anos, filha do governador do Espírito Santo (Albuíno Azeredo), segurou a porta do elevador social de um edifício em Vitória enquanto se despedia de uma amiga. Em outro andar, alguém

16 Segundo alguns registros, a escravidão negra no Brasil começou já no século XVI, e somente acabou com a Lei Áurea em 1888.

17 O quilombo mais famoso foi o Quilombo dos Palmares, em Alagoas, local que resistiu mais de cem anos, sendo Zumbi dos Palmares seu líder maior.

começou a esmurrar a porta do elevador. Ana Flávia decidiu então soltar a porta e, depois de conversar mais alguns instantes, chamou o outro elevador, o de serviço. Ao entrar nele, encontrou a empresária Teresina Stange, loira, olhos verdes, 40 anos, e o filho dela, Rodrigo, de 18 anos [...]

Segundo Ana Flávia contaria mais tarde, Teresina foi logo perguntando quem estava prendendo o elevador. "Ninguém", respondeu a estudante. "Só demorei um pouquinho." A empresária não gostou da resposta e começou a gritar. "Você tem de aprender que quem manda no prédio são os moradores, preto e pobre aqui não tem vez", avisou.

"A senhora me respeite!", retrucou a filha do governador. Teresina gritou novamente: "Cala a boca, você não passa de uma empregadinha". Ao chegar ao saguão, o rapaz também entrou na briga. "Se você falar mais alguma coisa, meto a mão na sua cara", berrou.

"Eu perguntei se eles me conheciam e insisti que me respeitassem", conta Ana Flávia. Rodrigo ameaçou outra vez: "Cale a boca, cale a boca! Se você continuar falando, meto a mão no meio de suas pernas". Teresina segurou o braço da moça e Rodrigo deu-lhe um soco no lado esquerdo do peito.

Revista *Veja* . 7 jul. 1993.

Dificilmente alguém assume que é racista; porém, sempre que uma pessoa prejulga alguém por sua cor, ou faz piadas em relação a isso, ela está sendo racista. De uma forma camuflada ou não, o preconceito racial ainda persiste.

O preconceito e a discriminação se manifestam em todos os lugares do mundo, não sendo um fenômeno isolado. De 1948 até 1991, predominou na África do Sul o *apartheid*, um regime racista em que os direitos eram determinados de acordo com a cor da pele: os negros só podiam morar em bairros determinados, em guetos, frequentar escolas para negros, não podiam votar e seus salários eram inferiores aos dos brancos. Essa aviltante política de segregação racial somente teve fim após anos de lutas e intenso apoio internacional, que a condenava.

Outra forma de discriminação racial ocorreu durante o nazismo, forma política de ditadura que imperou na Alemanha entre 1933 e 1945 e defendia a supremacia racial da raça ariana e negava os ideais democráticos.

Nesse período (entre a década de 1930 e o início da década de 1940), Hitler (1889-1945) mandou milhões de judeus para os campos de concentração. Neles, a grande maioria foi exterminada em nome da purificação racial.

Saiba +

Utilisation Presse / AKG-Berlim – Latin Stock

Nelson Mandela

O advogado Nelson Mandela (1918) foi o principal líder do movimento contra o *apartheid*. Foi ativista, sabotador e guerrilheiro que lutou pela liberdade e igualdade dos negros na África do Sul, desde a implantação do regime, no fim da década de 1940.

Mandela assumiu a oposição à segregação e ao preconceito racial impostos pelo regime. Por isso, foi preso, julgado e condenado na década de 1960, inicialmente a cinco anos de reclusão e, em seguida, à prisão perpétua. Da cadeia, comandava a resistência ao *apartheid*.

Em 1990, devido às pressões internacionais, Mandela foi libertado. Em 1994, elegeu-se presidente da África do Sul, cargo que ocupou até 1999.

Racismo e preconceito também imperaram na Ku Klux Klan, que surgiu nos Estados Unidos da América logo após a Guerra de Secessão (1861-1865). Organizada por brancos racistas que defendiam a supremacia branca, pretendia manter mordomias e privilégios e evitar que os negros tivessem direitos garantidos pelo governo, além de tentar impor o protestantismo em detrimento de qualquer outra forma de religião. Essa organização aterrorizou e matou milhares de negros naquele país.

Segundo alguns estudos, a Ku Klux Klan, também conhecida por KKK, teria sido fundada por volta de 1865 com um número pequeno de pessoas, menos de dez, cujo objetivo era impedir a integração social dos negros que haviam acabado de ser libertados. Entre outros direitos, a KKK queria evitar que negros pudessem possuir terras, votar etc. O grupo foi reconhecido como terrorista apenas em 1872, quando foi banido.

A luta dos negros norte-americanos se estendeu por longo período. Entre os líderes que despontaram nessa luta, anos mais tarde, está Martin Luther King.

Martin Luther King Jr. (1929-1968) , doutor em filosofia, foi pastor da Igreja batista, ativista e líder nato, organizou diversas marchas em prol dos direitos civis para negros e mulheres e pelo fim da segregação racial nos Estados Unidos.

Inspirado em Gandhi, e na sua resistência pacífica, deflagrou uma mobilização não-violenta como forma de luta contra o racismo e de amor para com o próximo. Como cristão, baseando-se nos ensinamentos de Cristo, acreditava na fraternidade entre todos, não importando a cor da pele. Por sua dedicação, recebeu o Prêmio Nobel da Paz, em 1964, mas foi assassinado poucos anos depois.

Seu discurso mais famoso é "Eu tenho um sonho", proferido em agosto de 1963, no auge do movimento a favor da organização dos negros e pelos direitos civis nos Estados Unidos da América. Leia um trecho a seguir.

Library of Congress

Martin Luther King Jr.

Tenho um sonho: o de que um dia, nas colinas vermelhas da Geórgia, os filhos dos antigos escravos e os filhos dos antigos senhores de escravos poderão sentar-se juntos à mesa da fraternidade.

Tenho um sonho: o de que, um dia, mesmo o Estado do Mississippi, um Estado ora sufocado sob o ódio da opressão, será transformado em um oásis de liberdade e de justiça.

Martin Luther King Jr.

Enfim, há formas variadas de racismo e de preconceitos em toda parte do mundo, camufladas ou não. O fato é que existe e não atinge apenas negros, mas também judeus, árabes, indígenas, mulheres, idosos, homossexuais, obesos, pessoas com necessidades especiais etc.

Discriminar alguém pela cor da pele, pela religião, pela condição econômica ou social, pelo local de nascimento, pelo aspecto físico, pela orientação sexual não é uma atitude em que predomina a justiça ou a fraternidade. Todos são irmãos, as diferenças não importam.

Jesus Cristo, um dos grandes mestres da história humana, pregava a igualdade e a fraternidade entre todos, dizia que deveríamos buscar o reino de Deus, onde importava a paz e a justiça. Entende-se que Jesus é um ícone a ser imitado, seu exemplo nos leva a amar ao próximo como a nós mesmos. Jesus enfrentou todos os tipos de preconceito e de discriminação da época em que esteve na Terra: preconceitos contra cobradores de impostos, prostitutas, leprosos, pescadores, mulheres etc.

Segundo Jesus, é preciso valorizar o semelhante e tratá-lo com igualdade e fraternidade. Jesus afirmava que todos nós somos filhos do mesmo Pai Celestial: Deus, o Criador.

O texto a seguir trata da intolerância e do preconceito sofrido por um jovem na cidade de São Paulo, vítima de um violento grupo *skinhead*[18] denominado "carecas".

O ataque careca

[...]

O episódio recente do assassinato do adestrador de cães Edson Néris da Silva em plena praça da República por um grupo de carecas [...] despertou novamente a atenção da sociedade para a questão dos "incidentes de ódio". [...]

[18] **Skinhead** é o nome de uma subcultura que se divide em diversos grupos. No Brasil, os "carecas" representam uma gangue de caráter conservador, fascista e de ultradireita, que promove a violência contra homossexuais, negros, nordestinos, esquerdistas, judeus, prostitutas, entre outros. Há exceções, algumas gangues são contra o racismo.

Desde as ameaças, os tiros e as inscrições antinordestinas na Rádio Atual, em 1992, as ações desses grupos vêm sendo monitoradas pela imprensa e pelas autoridades, e ora uma, ora outra facção tem sido apresentada como responsável por pichações difamatórias, depredações, ameaças a lideranças de minorias, difusão de ideias racistas, homofóbicas, separatistas e antissemitas por meio de panfletos, fanzines ou pela Internet. Também foram responsabilizados pelo envolvimento em incidentes como a Anistia, estupros, agressões físicas e assassinatos.

A morte de Neris da Silva, atacado porque "parecia homossexual", foi, segundo um levantamento feito na imprensa, desde 1992, o nono homicídio que pode ser atribuído aos grupos de extrema direita.

Muitos outros "inimigos" foram surrados seguindo o mesmo padrão: ataques de muitos contra poucos indefesos, escolhidos aleatoriamente pelo simples fato de ser negros, nordestinos, gays, punks ou judeus.

Mas, mais que um perigo físico para as minorias — estatisticamente baixo num país onde ocorrem 37 mil homicídios dolosos por ano e um homossexual é assassinado a cada dois dias —, o perigo representado por esses grupos é de natureza mais simbólica. [...]

Mas, acima de tudo, esses grupos são perigosos porque defendem bandeiras e ideias que se encontram adormecidas na sociedade, ainda hoje, mesmo que em versões mais moderadas. Ideias que não se restringem a alguns poucos extremistas e são mais difundidas do que seria desejável. [...]

O perigo que a existência de gangues juvenis como carecas e skinheads nos coloca não está tanto nas ações episódicas de violência contra minorias que realizam, mas no fato de que elas tocam em temas e questões mal resolvidas em nossa sociedade, ocultadas pela falácia da democracia racial brasileira.

Folha de S.Paulo, 14 fev. 2000.

O assassinato de Edson Néris da Silva ocorreu em 6 de fevereiro de 2000, em pleno centro da cidade de São Paulo. Participaram da barbárie 18 indivíduos integrantes da gangue Carecas do ABC[19].

Poucos anos depois, no dia 7 de dezembro de 2003, três integrantes da mesma gangue, usando armas, obrigaram dois jovens, um com 20 e o outro com 16 anos, a pular de um trem em movimento, só porque os jovens trajavam camisetas com estampas de banda de *rock*. Em decorrência, o jovem de 20 anos faleceu e o mais novo teve o braço direito amputado.

Outros problemas mundiais

Violência, discriminação e preconceito são alguns dos problemas enfrentados pela população de todo o mundo. No entanto, outros podem

[19] ABC é uma região da Grande São Paulo que envolve, sobretudo, os municípios de Santo André, São Bernardo do Campo e São Caetano do Sul.

ser enumerados: o desemprego, a pobreza, o desequilíbrio ecológico, o aquecimento global, a corrupção, a fome, a falta de água potável, o esgotamento dos recursos naturais, a poluição, os fenômenos naturais (seca, enchentes, furacões, *tsunamis* etc.), os efeitos da globalização, o menor abandonado, entre outros.

Nesse sentido, existem diversas crises e problemas locais e mundiais que ameaçam a sobrevivência da espécie humana. Uma pesquisa mundial[20] realizada em 2001 em diversos países apontava a pobreza e o desemprego (20%) como principais problemas mundiais da atualidade. Em seguida, constavam a guerra e o terrorismo (19,4%) e o crime e a corrupção (16,4%).

[20] Dados da 1ª Pesquisa Mundial, realizada em 22 países pela CNT/Sensus, no ano de 2001.

Teste seu saber

1. O *apartheid* foi:

a) um regime racista que predominou no Brasil até 1964.

b) um regime racista que predominou na África do Sul de 1948 até 1991, através do qual os direitos eram determinados de acordo com a cor da pele.

c) um regime racista que predominou na África do Sul de 1930 até 2007, através do qual os direitos eram determinados de acordo com a cor da pele.

d) um regime nazista que ocorreu durante a 2ª Guerra Mundial na Alemanha.

e) um regime racista de discriminação aos negros que predominou na Nigéria, de 1948 até 1991.

2. Leia este texto:

Um dia sim, outro também. Duas bombas, suásticas nazistas e muitas mensagens pregando a tolerância zero a negros, judeus, homossexuais e nordestinos marcaram a Semana da Pátria em São Paulo. O primeiro petardo foi direcionado na segunda-feira, dia 4, para o coordenador da Anistia Internacional. Tratava-se de uma bomba caseira, postada numa agência dos Correios de Pinheiros com endereço certo: a casa do coordenador. Uma hora e meia depois, foi a vez de o secretário de Segurança e de os presidentes das comissões Municipal e Estadual de Direitos Humanos receberem cartas ameaçadoras. Assinando "Nós os *skinheads*" (cabeça raspada), os autores abusaram da linguagem chula, do ódio e da intolerância. "Vamos eliminar todos os viados, pretos e nordestinos", prometeram. Eles asseguravam também já terem escolhido os representantes daqueles que não se enquadram no que chamam de "raça pura" para receberem "alguns presentinhos". Como prometeram, era só o começo. No dia seguinte, terça-feira, dia 5, o mesmo grupo mandou outra bomba, dessa vez para a associação da Parada do Orgulho Gay.

Revista *IstoÉ*, 8 set. 2000.

O texto demonstra que:

a) o grupo intitulado *skinheads* deseja a igualdade entre todos os seres humanos, através de uma única raça, chamada por eles de "raça pura".

b) o grupo é a favor da tolerância em todos os sentidos.

c) os *skinheads* não disseminam nenhuma espécie de preconceito e discriminação.

d) intolerância, preconceito, discriminação e racismo predominam no grupo.

e) o grupo apoia movimentos que lutam contra a discriminação.

3. (UFPA) Assinale a alternativa correta:

a) O nazismo defendia a supremacia racial da raça ariana e negava os ideais democráticos.

b) O nazismo combatia a discriminação contra os judeus.

c) O nazismo caracteriza-se pelo seu caráter antinacionalista.

d) O nazismo não conseguiu ser instrumento ideológico da Alemanha de Hitler.

e) O nazismo propunha o racionalismo como método e o antietnocentrismo como ação política.

4. **(UFMG) "Nós pensamos que fosse um mendigo..." Essa frase foi atribuída aos adolescentes que, em Brasília, queimaram vivo o índio Galdino, que dormia em um abrigo de ônibus. Esse fato, ocorrido em 1997, pode ser associado:**

a) ao descaso e à violência com que as minorias e os pobres têm sido historicamente tratados no Brasil.
b) ao surgimento de grupos organizados de extrema direita que veem os índios e os pobres como responsáveis pela crise do desemprego.
c) à política de eliminação das diferenças e das desigualdades sociais, através do extermínio dos pobres.
d) ao conflito interétnico que tem caracterizado a luta pela posse e distribuição das terras das reservas indígenas.

5. **(Vunesp-SP) Leia este texto:**

A Ku Klux Klan foi organizada para segurança própria [...] o povo do Sul se sentia muito inseguro. Havia muitos nortistas vindos para cá (Sul), formando ligas por todo o país. Os negros estavam se tornando muito insolentes e o povo branco sulista de todo o estado do Tennessee estava bastante alarmado.

Entrevista de Nathan Bedford Forrest, *Jornal de Cincinnati*. Ohio, 1868.

A leitura deste depoimento, dado por um membro da Ku Klux Klan, em 1868, permite entender que esta organização tinha por objetivo:

a) assegurar os direitos políticos da população branca, pelo voto censitário, eliminando as possibilidades de participação dos negros nas eleições.
b) impedir a formação de ligas entre nortistas e negros, que propunham a reforma agrária nas terras do Sul dos Estados Unidos.
c) unir os brancos para manter seus privilégios e evitar que os negros, com o apoio dos nortistas, tivessem direitos garantidos pelo governo.
d) proteger os brancos das ameaças e massacres dos negros, que criavam empecilhos para o desenvolvimento econômico dos estados sulistas.
e) evitar confrontos com os nortistas, que protegiam os negros quando estes atacavam propriedades rurais dos sulistas brancos.

6. **(UEL-PR) Leia o texto a seguir:**

O sentimento que experimento ao avistar de longe a favela da Rocinha esparramada no morro é idêntico ao de ter visto pela primeira vez, na África do Sul, o bantustão de Soweto, o gueto formado a pulso pelo regime racista do *apartheid* a partir dos anos de 1950. Lá está, a sudoeste de Joanesburgo, o aglomerado de barracos também de madeira, zinco e papelão, lá está o gigantesco Soweto, o maior núcleo urbano da África do Sul, tão sólido quanto a Rocinha parece definitiva. No Rio de Janeiro, meu medo não é da "violência" nem do "crime": é medo da estratificação social e da pobreza irredutível.

Marilene Felinto. "Movimento Viva Rio ou a calamidade pública no Rio de Janeiro". Em: Revista *Caros Amigos*, abr. 2005.

Com base no texto e nos conhecimentos sobre o tema, é correto afirmar:

a) A exclusão na cidade do Rio de Janeiro difere daquela que ocorre no sistema do *apartheid* da África do Sul, pois nessa cidade brasileira, seu fundamento está circunscrito à questão racial.

b) Soweto e Rocinha constituem-se em exemplos de bairros de maioria negra, cujos altos índices de pobreza foram equacionados pela forte atuação de políticas públicas.

c) A autora adverte sobre a existência de situações sociais similares entre o Brasil e a África do Sul, apesar de a Legislação brasileira ser politicamente oposta à sul-africana no que se refere aos dispositivos legais relativos à discriminação.

d) A África do Sul e o Brasil foram os últimos países a extinguir a escravidão, processo resultante de políticas públicas internacionais que elevou a situação econômica da população negra.

e) A autora defende a necessidade de eliminação do regime de *apartheid* brasileiro como solução para os problemas de exclusão social no país.

Descomplicando o ensino religioso

(Fuvest-SP) Gandhi (1869-1948) conseguiu mobilizar milhões de indianos na luta para tornar o país independente da dominação britânica, recorrendo ao:

a) socialismo, à denúncia do sistema de castas e à guerra revolucionária.

b) nacionalismo, à modernização social e à ação coletiva não-violenta.

c) tradicionalismo, à defesa das castas e à luta armada.

d) capitalismo, à cooperação com o imperialismo e à negociação.

e) fascismo, à aliança com os paquistaneses e ao fundamentalismo religioso.

Resolução e comentários

Como vimos no capítulo anterior, a luta "nacionalista" foi comandada pela maioria hindu, privilegiando o sentimento antibritânico e rompendo com o sistema tradicional de divisão social, a partir de um movimento de resistência pacífica, cuja característica era a desobediência civil. Desse modo, Gandhi promoveu mudanças na Índia sem violência ou lutas armadas. Portanto, a alternativa correta é a alternativa **b**.

6 Todos temos direitos

Todo ser humano tem direito à vida, à liberdade e à segurança pessoal.

Declaração Universal dos Direitos Humanos

O direito à vida

O direito à vida é inquestionável e é o mais fundamental de todos, pois, sem esse direito, não existem meios para exercitar outros.

Em nosso país, a *Constituição Federal* e o *Código Civil* protegem o direito à vida desde a fase em que o indivíduo é apenas um embrião ou um feto.

Tanto no Brasil quanto em diversos outros países, o aborto é crime, passível de punição a quem cometê-lo. É permitido apenas no caso de estupro ou quando a gestante corre risco de vida.

Questão bastante polêmica, discute-se em todos os âmbitos da sociedade sobre quando começaria a vida e, assim, em que ponto da gravidez o aborto se configuraria como "destruição" de uma vida. As consequências do aborto podem ser sérias para a saúde. Emocionalmente, ele mexe com valores morais e religiosos, podendo provocar traumas por toda uma vida.

Photodisc

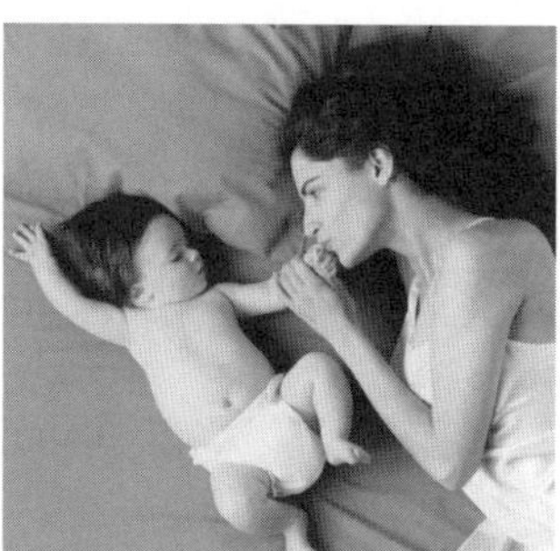

Todos têm direito à vida.

O direito à vida não se restringe apenas à fase uterina. Todas as pessoas, em todos os momentos de sua existência, têm esse direito, que é protegido de forma ampla e geral.

Ninguém pode tirar a vida de outro, e somente o Estado tem o direito, por meio de processo e julgamento justo, de julgar e punir aqueles que cometeram homicídio.

Cabe ao Estado, após a condenação, isolar o criminoso da sociedade, colocando-o em uma cadeia, onde cumprirá pena determinada em lei, conforme o crime cometido.

Nada justifica tirar a vida de uma pessoa. Além de ser um crime, é também um ato imoral. Ocasionalmente, em crimes em que a barbárie predomina, chocando a opinião pública, algumas pessoas revoltadas tentam fazer "justiça com as próprias mãos", fazer o que se chama de *linchamento*. Porém, tal ato torna-se ainda mais bárbaro que o crime cometido pelo delinquente. O fato de tirar a vida de um assassino não trará a vida da vítima de volta. Portanto, somente através da Lei e da Justiça o criminoso deve ser punido.

A guerra, seja qual for seu motivo, é um atentado contra a vida humana. Centenas de milhares de pessoas morrem em nome de questões econômicas e políticas, ou de conquista de território, ou ainda por imposição de sistemas políticos.

Não há justificativa para uma guerra, pois nenhum conflito conduz ao respeito ao semelhante, à moral ou à dignidade. Ao contrário, nas guerras predominam a matança generalizada e o desrespeito ao bem maior, que é a vida.

O direito à vida está intimamente ligado à dignidade, ou seja, qualquer pessoa tem o direito de viver, usando de todos os elementos necessários para isso, e não apenas o direito de sobreviver.

Assim, uma pessoa que vive nas ruas sem um teto para abrigá-la, que não consegue ser atendida em um hospital ou vive na mais ampla miséria, não teve seu direito de viver respeitado de uma forma digna; está apenas sobrevivendo.

Para viver com dignidade, certas necessidades básicas têm de ser atendidas, como alimentação, educação, saúde, moradia, emprego e segurança, que, na verdade, são direitos humanos inerentes a todos.

Nesse sentido, o ser humano deve ter o direito garantido de que todas as suas necessidades fundamentais serão atendidas, como forma de respeito à vida.

O texto a seguir trata do uso de células-tronco de embriões humanos em pesquisas científicas, o que tem gerado polêmica e discussões entre cientistas e religiosos.

Nem ciência, nem religião

Na quinta-feira passada, o Supremo Tribunal Federal concluiu um julgamento histórico e liberou o uso de células-tronco de embriões humanos em pesquisas científicas. O processo havia chegado ao Supremo em 2005, suscitando uma questão mais que espinhosa: quando começa a vida? Numa iniciativa inédita, o Tribunal convocou uma audiência pública em que consultou 22 estudiosos com treino em genética e neurociência.

Mas havia outra visão em jogo — a da religião. Nos três anos pelos quais se estendeu a discussão em torno do caso, foi exatamente isto o que mais sobressaiu: a disputa entre ciência e fé. Seria um erro, contudo, supor que a discussão no Supremo seguiu esse mesmo *script*. Foi isso que a tornou memorável. Os ministros não tentaram resolver o enigma milenar da gênese da vida, quer com uma tese metafísica, quer adotando um ponto de vista científico, num assunto sobre o qual a própria ciência não tem uma palavra final.

Transformaram o enigma numa questão técnica (o direito brasileiro protege a vida humana com a mesma intensidade em suas várias etapas de desenvolvimento, ou há gradações?), fizeram apenas o que deviam fazer — interpretar as leis e a Constituição — e deram uma decisão à sociedade. "Agora, pode-se é voltar ao laboratório", diz a geneticista Mayana Zatz, coordenadora do Centro de Estudos do Genoma Humano, da Universidade de São Paulo. "Estamos muito atrasados em relação ao Primeiro Mundo. Precisamos trabalhar para recuperar esse atraso." [...]

Assim, qualquer ato que impedisse o desenvolvimento do embrião deveria ser interpretado como um atentado à vida e à dignidade da pessoa humana, dois direitos fundamentais. Quase sempre que células-tronco são retiradas de um embrião humano ele é destruído. Logo, a norma tinha de ser derrubada. [...]

Ao longo dos séculos, inúmeras conquistas da civilização se deram graças a esse raciocínio. Em segundo lugar, porque ambos sabem que ética e direito são reinos vizinhos, mas não coincidentes. Eles não trouxeram a fé para o debate e raciocinaram de acordo com princípios do direito brasileiro. Não conseguiram, contudo, que o tribunal se alinhasse com eles. [...]

O julgamento também teve muito a ver com a defesa da liberdade de pensamento e de trabalho científico. Quase todos os ministros ressaltaram que é preciso vigiar para que as pesquisas não enveredem por caminhos bisonhos ou perigosos — como a eugenia, a mistura de células de homens e animais e a clonagem reprodutiva. Também foi comum uma certa crítica à arrogância científica. "Será razoável acreditar que a ciência tudo pode?", perguntou o ministro Carlos Alberto Direito.

Eros Grau foi mais incisivo: "Este debate não opõe ciência e religião, porém religião e religião. Alguns dos que falam pela ciência são portadores de mais certezas do que os líderes religiosos mais conspícuos. Portam-se com arrogância que nega a própria ciência". O pior, segundo Grau, é que muitas dessas certezas seriam um véu para acobertar os interesses do mercado. Por trás desse tipo de discurso, há um certo pensamento teórico que ficou mais claro no voto do ministro Lewandowski, que citou os filósofos Marx, Gramsci e Lukács para dizer que a ciência é "uma ideologia que encobre valores e interesses" e que muitas vezes "faz das pessoas mercadorias". Uma veia de pensamento obstruída pelo pior tipo de colesterol esquerdista. Embora mais brandos, Gilmar Mendes e Cezar Peluso também acharam que a Lei de Biossegurança deveria instituir um controle mais firme sobre o trabalho dos cientistas, fazendo menção a uma Comissão Nacional de Ética em Pesquisa. Todos os cinco propuseram acréscimos à lei — ou, dito de outra maneira, pretenderam legislar por meio de suas sentenças, adicionando cláusulas ao texto em vez de apenas interpretá-lo. Gilmar Mendes fez uma longa e enfática defesa dessa possibilidade. "Já nos livramos do dogma da atuação restritiva. Uma atuação criativa vai nos permitir suprir muitas lacunas da lei", disse ele. No julgamento das células-tronco, o STF não fez nem falsa ciência nem falsa metafísica. Mas as atribuições do Legislativo, ele pensou em usurpar. No fim, fez-se verdadeira justiça.

Revista *Veja*, 4 jul. 2008.

Direitos humanos

Direitos humanos são os direitos e liberdades fundamentais de todos os seres humanos, essenciais para cada pessoa. Sem eles não existe dignidade.

Direito à vida, à moradia, ao alimento, à educação e à saúde são exemplos de direitos humanos. Esses direitos são inalienáveis, ou seja, não podem ser dados ou vendidos a outros, pertencem à própria pessoa; sem eles, a vida humana torna-se insuportável.

Apesar de ser um direito, nem todas as pessoas têm acesso a ele. Injustiças sociais, discriminação e preconceito, miséria e violência ocorrem em todas as partes do mundo, assustando a todos.

Neste exato momento, milhares de pessoas em todo o planeta são vítimas de atrocidades e têm seus direitos violados de alguma forma.

A luta mundial pelos direitos humanos é antiga. Esses direitos que temos hoje não surgiram espontaneamente; são o resultado de constantes reivindicações e conflitos ao longo da história humana.

A *Declaração Universal dos Direitos Humanos* foi aprovada pela Assembleia das Nações Unidas em 10 de dezembro de 1948, com a assinatura de quarenta e oito países e cinco abstenções.

Foi assinada logo após as atrocidades cometidas na Segunda Guerra Mundial. Sua finalidade é promover a paz, pois os seus ideais de liberdade, igualdade, fraternidade e dignidade levam a isso. Leia-a a seguir:

Declaração Universal dos Direitos Humanos

Artigo I — Todos os seres humanos nascem livres e iguais em dignidade e direitos. São dotados de razão e consciência e devem agir em relação uns aos outros com espírito de fraternidade.

Artigo II — Todo ser humano tem capacidade para gozar os direitos e as liberdades estabelecidos nesta Declaração, sem distinção de qualquer espécie, seja de raça, cor, sexo, língua, religião, opinião política ou de outra natureza, origem nacional ou social, riqueza, nascimento, ou qualquer outra condição.

Artigo III — Todo ser humano tem direito à vida, à liberdade e à segurança pessoal.

Artigo IV — Ninguém será mantido em escravidão ou servidão, a escravidão e o tráfico de escravos serão proibidos em todas as suas formas.

Artigo V — Ninguém será submetido à tortura, nem a tratamento ou castigo cruel, desumano ou degradante.

Artigo VI — Todo ser humano tem o direito de ser, em todos os lugares, reconhecido como pessoa perante a lei.

Artigo VII — Todos são iguais perante a lei e têm direito, sem qualquer distinção, a igual proteção da lei. Todos têm direito a igual proteção contra qualquer discriminação que viole a presente Declaração e contra qualquer incitamento a tal discriminação.

Artigo VIII — Todo ser humano tem direito a receber dos tribunais nacionais competentes remédio efetivo para os atos que violem os direitos fundamentais que lhe sejam reconhecidos pela Constituição ou pela lei.

Artigo IX — Ninguém será arbitrariamente preso, detido ou exilado.

Artigo X — Todo ser humano tem direito, em plena igualdade, a uma audiência justa e pública por parte de um tribunal independente e imparcial, para decidir de seus direitos e deveres ou do fundamento de qualquer acusação criminal contra ele.

Artigo XI

1. Todo ser humano acusado de um ato delituoso tem o direito de ser presumido inocente até que a sua culpabilidade tenha sido provada de acordo com a lei, em julgamento público no qual lhe tenham sido asseguradas todas as garantias necessárias à sua defesa.

2. Ninguém poderá ser culpado por qualquer ação ou omissão que, no momento, não constituíam delito perante o direito nacional ou internacional. Tampouco será imposta pena mais forte do que aquela que, no momento da prática, era aplicável ao ato delituoso.

Artigo XII — Ninguém será sujeito a interferências na sua vida privada, na sua família, no seu lar ou na sua correspondência, nem a ataques à sua honra e reputação. Todo ser humano tem direito à proteção da lei contra tais interferências ou ataques.

Artigo XIII

1. Todo ser humano tem direito à liberdade de locomoção e residência dentro das fronteiras de cada Estado.

2. Todo ser humano tem o direito de deixar qualquer país, inclusive o próprio, e a este regressar.

Artigo XIV

1. Todo ser humano, vítima de perseguição, tem o direito de procurar e de gozar asilo em outros países.

2. Este direito não pode ser invocado em caso de perseguição legitimamente motivada por crimes de direito comum ou por atos contrários aos propósitos e princípios das Nações Unidas.

Artigo XV

1. Todo ser humano tem direito a uma nacionalidade.

2. Ninguém será arbitrariamente privado de sua nacionalidade, nem do direito de mudar de nacionalidade.

Artigo XVI

1. Os homens e mulheres de maior idade, sem qualquer restrição de raça, nacionalidade ou religião, têm o direito de contrair matrimônio e fundar uma família. Gozam de iguais direitos em relação ao casamento, sua duração e sua dissolução.

2. O casamento não será válido senão com o livre e pleno consentimento dos nubentes.

Artigo XVII

1. Todo ser humano tem direito à propriedade, só ou em sociedade com outros.

2. Ninguém será arbitrariamente privado de sua propriedade.

Artigo XVIII — Todo ser humano tem direito à liberdade de pensamento, consciência e religião; este direito inclui a liberdade de mudar de religião ou crença e a liberdade de manifestar essa religião ou crença, pelo ensino, pela prática, pelo culto e pela observância, isolada ou coletivamente, em público ou em particular.

Artigo XIX — Todo ser humano tem direito à liberdade de opinião e expressão; este direito inclui a liberdade de, sem interferência, ter opiniões e de procurar, receber e transmitir informações e ideias por quaisquer meios e independentemente de fronteiras.

Artigo XX

1. Todo ser humano tem direito à liberdade de reunião e associação pacíficas.

2. Ninguém pode ser obrigado a fazer parte de uma associação.

Artigo XXI

1. Todo ser humano tem o direito de tomar parte no governo de seu país, diretamente ou por intermédio de representantes livremente escolhidos.

2. Todo ser humano tem igual direito de acesso ao serviço público do seu país.

3. A vontade do povo será a base da autoridade do governo; esta vontade será expressa em eleições periódicas e legítimas, por sufrágio universal, por voto secreto ou processo equivalente que assegure a liberdade de voto.

Artigo XXII — Todo ser humano, como membro da sociedade, tem direito à segurança social e à realização, pelo esforço nacional, pela cooperação internacional e de acordo com a organização e recursos de cada Estado, dos direitos econômicos, sociais e culturais indispensáveis à sua dignidade e ao livre desenvolvimento da sua personalidade.

Artigo XXIII

1. Todo ser humano tem direito ao trabalho, à livre escolha de emprego, a condições justas e favoráveis de trabalho e à proteção contra o desemprego.

2. Todo ser humano, sem qualquer distinção, tem direito a igual remuneração por igual trabalho.

3. Todo ser humano que trabalha tem direito a uma remuneração justa e satisfatória, que lhe assegure, assim como à sua família, uma existência compatível com a dignidade humana, e a que se acrescentarão, se necessário, outros meios de proteção social.

4. Todo ser humano tem direito a organizar sindicatos e a neles ingressar para proteção de seus interesses.

Artigo XXIV — Todo ser humano tem direito a repouso e lazer, inclusive a limitação razoável das horas de trabalho e férias periódicas remuneradas.

Artigo XXV

1. Todo ser humano tem direito a um padrão de vida capaz de assegurar a si e a sua família saúde e bem-estar, inclusive alimentação, vestuário, habitação, cuidados médicos e os serviços sociais indispensáveis, e direito à segurança em caso de desemprego, doença, invalidez, viuvez, velhice ou outros casos de perda dos meios de subsistência fora de seu controle.

2. A maternidade e a infância têm direito a cuidados e assistência especiais. Todas as crianças, nascidas dentro ou fora do matrimônio, gozarão da mesma proteção social.

Artigo XXVI

1. Todo ser humano tem direito à instrução. A instrução será gratuita, pelo menos nos graus elementares e fundamentais. A instrução elementar será obrigatória. A instrução técnico-profissional será acessível a todos, bem como a instrução superior, baseada no mérito.

2. A instrução será orientada no sentido do pleno desenvolvimento da personalidade humana e do fortalecimento do respeito pelos direitos humanos e pelas liberdades fundamentais. A instrução promoverá a compreensão, a tolerância e a amizade entre todas as nações e grupos raciais ou religiosos, e coadjuvará as atividades das Nações Unidas em prol da manutenção da paz.

3. Os pais têm prioridade de direito na escolha do gênero de instrução que será ministrada a seus filhos.

Artigo XXVII

1. Todo ser humano tem o direito de participar livremente da vida cultural da comunidade, de fruir as artes e de participar do processo científico e de seus benefícios.

2. Todo ser humano tem direito à proteção dos interesses morais e materiais decorrentes de qualquer produção científica, literária ou artística da qual seja autor.

Artigo XXVIII — Todo ser humano tem direito a uma ordem social e internacional em que os direitos e liberdades estabelecidos na presente Declaração possam ser plenamente realizados.

Artigo XXIX

1. Todo ser humano tem deveres para com a comunidade, em que o livre e pleno desenvolvimento de sua personalidade é possível.

2. No exercício de seus direitos e liberdades, todo ser humano estará sujeito apenas às limitações determinadas pela lei, exclusivamente com o fim de assegurar o devido reconhecimento e respeito dos direitos e liberdades de outrem e de satisfazer às justas exigências da moral, da ordem pública e do bem-estar de uma sociedade democrática.

3. Esses direitos e liberdades não podem, em hipótese alguma, ser exercidos contrariamente aos propósitos e princípios das Nações Unidas.

Artigo XXX — Nenhuma disposição da presente Declaração pode ser interpretada como o reconhecimento a qualquer Estado, grupo ou pessoa, do direito de exercer qualquer atividade ou praticar qualquer ato destinado à destruição de quaisquer dos direitos e liberdades aqui estabelecidos.

A *Declaração Universal dos Direitos Humanos* visa à luta pela vida, liberdade e educação, pelo direito à alimentação e moradia, além dos direitos políticos. Serviu como base para muitas constituições, inclusive a brasileira, nas quais os direitos e garantias fundamentais estão assegurados.

A livre expressão através dos meios de comunicação faz parte de um dos artigos da *Declaração*; porém, assim como vários outros artigos, foi desrespeitado inúmeras vezes.

A liberdade de expressão é um direito que não deve ser restringido por nenhum governo, em parte alguma do mundo; contudo, nem sem-pre é o que ocorre.

No Brasil, por exemplo, esse direito foi violado durante a ditadura de Vargas (1937-1945) e a ditadura militar (1964-1985), pois havia censura nos meios de comunicação.

Conseguir transformar os direitos humanos enumerados na *Declaração* em realidade é uma árdua tarefa, pois diversos países que a assinaram não a cumprem integralmente.

Em 1993, 170 países se reuniram em uma *Assembleia*, na Áustria, para afirmar a importância da *Declaração*, em uma clara demonstração de preocupação universal com os direitos do cidadão.

Por não ser uma lei, a *Declaração* prima pelos princípios éticos de uma nação para se tornar uma realidade. Ao estabelecer direitos básicos e fundamentais a todas as pessoas, a *Declaração* valoriza o ser humano e o reconhece como digno de direitos e de uma vida na qual a igualdade e a justiça prevaleçam.

A questão indígena

Antes da chegada dos portugueses ao Brasil, calcula-se que aquiviviam cerca de 5 milhões de indígenas, mas não é possível precisar,pois não há registros da época.

Atualmente, a população indígena é muito menor. Calcula-se quehá no Brasil, aproximadamente, cerca de 250 mil a 300 mil indígenas, massacrados ao longo da colonização portuguesa pelo europeu colonizador, através de trabalho escravo, de doenças, confl itos armados etc. Os mais de mil povos que aqui viviam foram reduzidos a pouco mais de 200.

Bibliothéque Nationale, Paris

Família de chefe indígena (Camacãs) se preparando para festa. Debret.

A população indígena atual está distribuídas em torno de 225 etnias com 180 línguas diferentes.

O contato com o europeu, desde o século XVI, além dos conflitos, trouxe também doenças desconhecidas aos indígenas, para as quais eles não possuíam mecanismos de defesas. Assim, morriam facilmente vítimas de gripe, rubéola etc.

A curiosidade e admiração que marcaram os primeiros momentos de contato entre indígenas e portugueses logo mudou, dando início ao confronto entre as duas culturas. De um lado, inocência; de outro, desejo de dominar, de se impor. Os europeus colonizadores agiram como se fossem o paradigma de civilização, não procuravam entender ou aceitar a cultura e a sociedade indígena. O confronto tomava forma.

Inicialmente, e antes da escravidão negra, os europeus tentavam transformar os índios em escravos, gerando diversos conflitos. Evidentemente, pelo fato de os índios possuírem armas inferiores às armas de fogo dos brancos, ficavam em desvantagem e acabam derrotados e exterminados. Mesmo após a Independência do Brasil, em 1822, o massacre continuou ocorrendo.

Bibliothéque Nationale, Paris

Mamelucos conduzindo prisioneiros indígenas. Debret.

Atualmente, os indígenas brasileiros ocupam áreas muito menores das que ocupavam quando os europeus aqui chegaram, e vivem em constante luta para conseguir permanecer em suas terras, pois mineradores, madeireiros e fazendeiros têm grande interesse em explorar essas terras.

A *Constituição Federal* de 1988, em seu capítulo VIII, garante direitos aos indígenas.

Artigo 231 — São reconhecidos aos índios sua organização social, costumes, línguas, crenças e tradições, e os direitos originários sobre as terras que tradicionalmente ocupam, competindo à União demarcá-las, proteger e fazer respeitar todos os seus bens.

§ 1º — São terras tradicionalmente ocupadas pelos índios as por eles habitadas em caráter permanente, as utilizadas para suas atividades produtivas; as imprescindíveis à preservação dos recursos ambientais necessários a seu bem-estar e as necessárias a sua reprodução física e cultural, segundo seus usos, costumes e tradições.

§ 2º — As terras tradicionalmente ocupadas pelos índios destinam-se a sua posse permanente, cabendo-lhes o usufruto exclusivo das riquezas do solo, dos rios e dos lagos nelas existentes.

§ 3º — O aproveitamento dos recursos hídricos, incluídos os potenciais energéticos, a pesquisa e a lavra das riquezas minerais em terras indígenas só podem ser efetivados com autorização do Congresso Nacional, ouvidas as comunidades afetadas, ficando-lhes assegurada participação nos resultados da lavra, na forma da lei.

§ 4º — As terras de que trata este artigo são inalienáveis e indisponíveis, e os direitos sobre elas, imprescritíveis.

§ 5º — É vedada a remoção dos grupos indígenas de suas terras, salvo, *ad referendum* do Congresso Nacional, em caso de catástrofe ou epidemia que ponha em risco sua população, ou no interesse da soberania do País, após deliberação do Congresso Nacional, garantindo, em qualquer hipótese, o retorno imediato logo que cesse o risco.

§ 6º — São nulos e extintos, não produzindo efeitos jurídicos, os atos que tenham por objeto a ocupação, o domínio e a posse das terras a que se refere esse artigo, ou a exploração das riquezas naturais do solo, dos rios e dos lagos nelas existentes, ressalvado relevante interesse público da União, segundo o que dispuser lei complementar, não gerando a nulidade e a extinção, direito a indenização ou a ações contra a União, salvo, na forma da lei, quanto às benfeitorias derivadas da ocupação de boa fé.

§ 7º — Não se aplica às terras indígenas o disposto no Artigo 174, §§ 3º e 4º.

Artigo 232 — Os indígenas, suas comunidades e organizações são partes legítimas para ingressar em juízo em defesa de seus direitos e interesses, intervindo o Ministério Público em todos os atos do processo.

A Fundação Nacional de Proteção ao Índio (Funai) foi criada em 1967 e tem como objetivo cuidar dos interesses indígenas. Em 1973, foi criado o *Estatuto do Índio*, para garantir seus interesses e ajudar na preservação da cultura indígena.

A religião e os indígenas

A cultura indígena sempre esteve ligada às crenças: pelas festas, danças, pinturas no corpo, histórias mitológicas, rituais etc. Acreditam em um intermediário entre os vivos e os mortos, ao qual o europeu intitulou de pajé, responsável pela cura de doenças e proteção espiritual da tribo. No entanto, a cultura e as crenças indígenas não foram respeitadas no contato com o europeu.

Desde a época do descobrimento do Brasil, quando os jesuítas da chamada Companhia de Jesus (como os padres Manuel da Nóbrega e José de Anchieta) vieram para cá, foi iniciada a catequese dos índios. Missionários ensinavam aos índios os preceitos da religião católica e dos costumes das sociedades não-indígenas, acreditando que, desse modo, estariam civilizando os indígenas.

Era uma forma de "domesticar" os indígenas para que não resistissem à colonização e, ao mesmo tempo, convertê-los à religião católica. Inicialmente, os jesuítas referiam-se aos indígenas como "negros da terra". Apesar disso, os jesuítas se opunham à escravização dos indígenas promovida pelos colonizadores e exploradores desta terra.

Os jesuítas foram responsáveis pela aculturação indígena em diversos aspectos. Por exemplo: antropofagia, pajelança, poligamia e nudez.

De acordo com o relevante historiador brasileiro Capistrano de Abreu (1853-1927), os missionários jesuítas tinham o cuidado de apagar e substituir, na cultura indígena, as lendas e costumes que consideravam em desacordo com a concepção de mundo ou com a fé e a religião dos jesuítas e do catolicismo. Ou seja, esses missionários tinham o firme propósito de reorientar a cultura dos nativos, conduzindo-os ao cristianismo católico e ao modo de viver, agir e pensar dos europeus.

Mesmo com a resistência indígena, o plano jesuítico se concretizou. Nesse sentido, a cultura e os costumes das diversas sociedades indígenas foram destruídos e desrespeitados. Em nome da religião, aculturou-se a maior parte dos indígenas que sobreviveram à barbárie da colonização. Desse modo, os indígenas viram suas heranças culturais e seu passado apagados.

Atualmente, ainda existem missionários, geralmente evangélicos, comprometidos em pregar o cristianismo aos indígenas. Provavelmente promovendo ainda mais o processo de aculturação pelo qual eles passaram, como atesta este trecho de uma reportagem que trata do suicídio de indígenas em decorrência da aculturação e das dificuldades que enfrentam atualmente:

Os suicídios

Segundo a Fundação Nacional do Índio (Funai), entre 1986 e 1995, 195 índios Kaiwá se suicidaram em Mato Grosso do Sul. A falta de terras, a desagregação familiar; o alcoolismo, a prostituição e a ação das seitas evangélicas são alguns fatores que explicam essas tragédias.

Agora, para comer carne, o índio precisa do dinheiro do branco para comprar na cidade. "Antes a gente vivia da terra, mas agora não dá mais para cultivar só com a enxada porque o colonhão que os fazendeiros plantam para o gado comer invade tudo como uma praga. Tem muita miséria e fome na reserva e a maioria dos jovens tem que deixar suas famílias e ir trabalhar na usina." Hylário fez uma pausa, antes de voltar a falar em voz mais baixa: "Ninguém entende os suicídios, mas a gente vê que a situação do índio é triste. Os índios não seguem mais a sua cultura, as rezas, daí ficam perdidos, bebem e não cuidam mais das famílias deles".

Atenção, ano I, nº 1, nov. 1995, p. 19.

Respeitar, reconhecer e valorizar a cultura indígena é imprescindível.

Teste seu saber

1. Leia este texto bíblico, que é uma fala de Jesus Cristo:

Então, o rei dirá aos que estão à sua direita: Vinde, benditos de meu Pai, tomai posse do Reino que vos está preparado desde a criação do mundo, porque tive fome e me deste de comer; tive sede e me deste de beber, era peregrino e me acolheste; nu e me vestiste; enfermo e me visitaste; estava na prisão e vieste a mim. Perguntar-lhe-ão os justos: Senhor, quando foi que te vimos com fome e te demos de comer? Com sede e te demos de beber? Quando foi que vimos peregrino e te acolhemos; nu, e te vestimos? Quando foi que te vimos enfermo ou na prisão e te fomos visitar? Responderá o Rei: Em verdade eu vos declaro: todas as vezes que fizeste isto a um destes meus irmãos mais pequeninos, foi a mim mesmo que fizestes.

Bíblia Sagrada, Mateus, capítulo 25, versículos 34 a 40.

Por esses versículos entendemos que:

I. Somente Jesus deve ter preocupação com os humildes.
II. Servimos a Deus quando ajudamos pessoas sem defesa.
III. O reino de Deus anunciado por Jesus Cristo pertence exclusivamente aos pobres.
IV. Quando reconhecemos o direito à vida dos necessitados, estamos atendendo aos preceitos de Deus.
V. Todas as pessoas herdarão o reino dos céus.

Estão corretas:

a) apenas I   b) I e III apenas   c) IV e V apenas
d) II e IV apenas   e) nenhuma das alternativas anteriores

2. (UEFS-BA) Leia este texto:

A expressão *direitos humanos* é utilizada em direito internacional para indicar os direitos de todos os seres humanos. Geralmente, são divididos em "direitos civis e políticos", que não devem ser restringidos pelos governos, e "direitos econômicos, sociais e culturais", que os governos deveriam oferecer.

IstoÉ-Guinness. p. 436.

Em alguns momentos da história brasileira, os direitos humanos foram violentados. Um direito humano igualmente atingido pela ditadura de Vargas (1937-1945) e pela ditadura militar (1964-1985) foi a:

a) liberdade de culto.
b) garantia à educação.
c) posse da propriedade privada.
d) inserção no mercado de trabalho.
e) livre expressão através dos meios de comunicação.

3. **(Seduc-CE) Na escola, a violência exercida por alguns grupos de jovens se expressa muitas vezes através de:**

a) gangues b) times

c) turmas d) grêmios

4. **(UEL-PR) Leia o texto a seguir:**

Como problema que inquieta e choca a sociedade, a pobreza aparece no entanto no registro da patologia, seja nas evidências da destituição dos miseráveis que clamam pela filantropia pública ou privada, seja nas imagens da violência que apelam para sua ação preventiva e, sobretudo, repressiva. Num registro ou no outro, a pobreza é encenada como algo externo a um mundo propriamente social.

Vera da Silva Telles. *Pobreza e cidadania.* São Paulo: Editora 34, 2001, p. 31-32.

Considerando que o texto está se referindo à sociedade brasileira, assinale o que for correto:

a) A autora apresenta uma análise sociológica sobre a pobreza no Brasil, alerta para o fato de que esse problema gera violência e defende que ações privadas filantrópicas poderiam preveni-lo.

b) A autora afirma que, no Brasil, há uma naturalização da pobreza. Assim, nossa sociedade geralmente não considera os condicionantes sociais e históricos do fenômeno em questão.

c) A identificação do Estado como um pai, muito presente no imaginário social brasileiro, corresponde àquilo que, no texto, a autora denomina "filantropia pública".

d) A autora apresenta uma análise sociológica sobre a forma como a sociedade brasileira concebe a pobreza. Com isso, ela procura esclarecer alguns dos fatores que, historicamente, contribuem para sua reprodução.

5. **(UEL-PR) Leia este texto:**

A proteção e a promoção dos direitos humanos continuaram a se situar entre as principais carências a ser enfrentadas pela sociedade civil. [...] A enumeração das principais áreas de intervenção das organizações da sociedade civil soa como demandas de séculos passados: a ausência do estado de direito e a inacessibilidade do sistema judiciário para as não-elites; o racismo estrutural e a discriminação racial e a impunidade dos agentes do Estado envolvidos em graves violações aos direitos humanos. Como vimos, a nova democracia continuou a ser afetada por um "autoritarismo socialmente implantado", uma combinação de elementos presentes na cultura política do Brasil, valores e ideologia, em parte engendrados pela ditadura militar expressos na vida cotidiana. Muitos desses elementos estão configurados em instituições cujas raízes datam da década de 1930.

PINHEIRO, P. S. "Transição política e não-estado de direito na República". Em: WILHEIM, J. e PINHEIRO, P. S. (org.). *Brasil: um século de transformações.* São Paulo: Companhia das Letras, 2003.

Em relação à violência, analise o texto anterior e selecione a alternativa que corresponde à ideia desenvolvida pelo autor:

a) A democracia brasileira é fortemente responsável pelo surgimento de uma cultura da violência no Brasil.
b) Muito mais do que os traços culturais, é o desenvolvimento econômico que acarreta o desrespeito aos direitos humanos no Brasil.
c) Com a democratização, as não-elites brasileiras finalmente tiveram pleno acesso ao sistema judiciário e aos direitos próprios do estado de direito.
d) Historicamente, o desrespeito aos direitos humanos afeta de modo igual a brancos e negros, ricos e pobres.
e) A violência no Brasil expressa-se na vida cotidiana e, para ser superada, depende de ações da sociedade civil.

6. **(UFRGS-RS) Considere o texto abaixo:**

Que país é este
Nas favelas, no Senado
Sujeira pra todo lado
Ninguém respeita a *Constituição*
Mas todos acreditam no futuro da nação
Que país é este?

Renato Russo

Em relação à sociedade brasileira, o texto acima:

I. denuncia a existência da impunidade no conjunto da sociedade e a falta de compostura de parte da elite política brasileira.
II. explicita a inexistência de desigualdade social e concentração de renda no país.
III. esconde as mazelas da sociedade através de um discurso alienado e ufanista.

Quais estão corretas?

a) apenas I
b) apenas II
c) apenas I e II
d) apenas I e III
e) I, II e III

7. **(ESPM-SP) Leia este texto:**

Percebi [...] que os narcotraficantes são os cangaceiros do asfalto. [...] O sentimento que gerou o cangaço é o mesmo que alimenta o tráfico nas favelas.

LG, cantor da banda carioca AfroReggae. Em: *Folha de S.Paulo*, 14 jan. 2001. C 11.

A associação que LG faz entre o cangaço e o narcotráfico das favelas cariocas:

a) é possível, porque, em âmbito nacional, os dois movimentos têm origem na pobreza e na omissão do Estado em suas funções assistencialistas e, em âmbito internacional, estão ligados a uma extensa rede criminosa que atua em boa parte da América Latina.

b) não é possível, porque no cangaço havia um forte componente político que era a resistência ao regime republicano recém-criado, enquanto o narcotráfico não se envolve em questões políticas.
c) é possível, porque nos dois casos os movimentos criminosos cresceram entre a população socialmente marginalizada, economicamente carente, e se valeram da ausência do Estado no atendimento às necessidades básicas da população.
d) é equivocada, porque cerca de um século separa os dois movimentos, o contexto histórico e as questões sociais que afligem hoje o Brasil são muito diferentes daqueles do início do século XX, o que impede qualquer tipo de comparação.
e) é falsa, porque em sua análise o cantor deixou de lado o fato de o governo não ter desenvolvido uma política de repressão ao cangaço, ao contrário do que ocorre em relação ao narcotráfico.

8. (OAB-SP) **Uma das modalidades de aborto legal é o chamado "aborto no caso de gravidez resultante de estupro". Assim, nesta hipótese, não se pune o aborto praticado por médico se a gravidez resulta de estupro e o aborto é precedido de consentimento da gestante ou, quando incapaz, de seu representante legal. Indique outra modalidade de aborto legal:**

a) Aborto necessário, em que não se pune o praticado por médico se não há outro meio de salvar a vida da gestante.
b) Aborto sentimental, em que não se pune o praticado pela própria mãe sob a influência do estado puerperal.
c) Aborto consentido, em que não se pune o praticado por médico se há consentimento da mãe e se a criança é indesejada.
d) Aborto humanitário, em que a própria mãe não é punida por praticá-lo, sob influência do estado puerperal, durante o parto ou logo após.

Descomplicando o ensino religioso

(PUC-RJ) Leia este texto:

O trabalho escravo indígena e do negro africano desempenharam papel fundamental na colonização da América Portuguesa. Considerando-se que, nos primórdios da colonização, o recurso à escravização dos "negros da terra" — isto é, dos indígenas — foi uma prática recorrente inclusive nas áreas de plantio da cana-de-açúcar.

Cite uma razão que tenha contribuído para a progressiva substituição dos escravos indígenas por escravos de origem africana nessas áreas.

Resolução e comentários

A questão pressupõe conhecimentos históricos. Várias razões podem ser citadas. Entre elas:

a) escassez de indígenas (fugas, mortalidade).
b) posicionamento dos jesuítas que se opunham à escravização.
c) interesses comerciais relacionados aos lucros provenientes do tráfico de escravos.

7 Escolhendo caminhos

> A cidadania não é atitude passiva, mas ação permanente em favor da comunidade.
>
> Tancredo Neves

Cidadania

Cada vez mais o conceito de cidadania ganha ressonância pública e social. Muito se tem discutido sobre cidadania, direitos e deveres do cidadão; porém, em diversas ocasiões, a cidadania foi confundida com formas de organizações sociais, como as ONGs (organizações não-governamentais) ou movimentos sociais. É claro que existe cidadania nessas organizações e nesses movimentos, porém o conceito de cidadania e o seu limite está longe de ser definido uniformemente.

Cidadania é a condição e o direito que todos têm de participar da vida política; é a garantia de exercer seu direito, previsto em lei.

Cidadão é a pessoa que goza dos direitos civis, sociais e políticos, participando de tudo que diz respeito à sua sociedade.

Esses direitos estão registrados na *Constituição Federal*. Cabe ao Estado assegurar esses direitos, permitindo ao cidadão ter uma vida digna e participativa. No entanto, ao cidadão também cabe reivindicar seus direitos, através de uma participação ativa no meio em que vive, ciente de seus direitos e de suas obrigações.

O cidadão consciente sabe que todas as decisões políticas influenciam sua vida. Até mesmo as necessidades básicas como saúde, educação, moradia, emprego e alimentação sofrem influências políticas.

Desse modo, nenhum indivíduo deve ficar alheio ao que ocorre na política, imaginando que não tem participação nisso ou que a política não interfere em sua vida.

Raimundo Pacco / Folha Imagem

Protesto de professores na praça da República, centro de São Paulo, em julho de 2008.

Todo cidadão tem assegurado em lei o direito de participar da vida política, direta ou indiretamente. Deve, então, tomar a dianteira da situação e reivindicar seus direitos através de uma participação ativa em sua sociedade, aplicando verdadeiramente o conceito de cidadania em sua vida.

José Cruz / ABr

Urna eletrônica. Através do voto podemos participar da vida política de nosso país.

Apesar de ser universal, o conceito de cidadania sofre restrições em diversos países. Por exemplo, em nome da luta contra o terrorismo, os Estados Unidos da América, após o atentado de 11 de setembro de 2001, tomaram medidas contrárias ao conceito de cidadania e de direitos humanos, efetuando prisões sem acusações concretas e deixando presos incomunicáveis.

No Brasil, um claro exemplo da falta de respeito aos direitos do cidadão ocorreu durante a ditadura militar (1964-1985), quando milhares de pessoas foram presas e acusadas de terrorismo e de atentarem contra a Nação, quando eram apenas contrárias aos abusos cometidos pelos militares e pela ditadura instaurada por meio de um golpe que cassou o direito de liberdade de expressão dos cidadãos brasileiros.

Durante o regime de ditadura militar, muitas pessoas foram exiladas, outras torturadas e mortas. Muitas desapareceram, demonstrando assim a total falta de respeito aos direitos humanos e aos direitos básicos do cidadão.

Folha Imagem

Bombas de gás lacrimogênio lançadas para dispersar manifestação de estudantes em São Paulo, 1977.

Cidadania não se constitui somente em reivindicações de direitos; é também constituída de deveres com o semelhante e com o meio em que se vive.

Reciclar materiais[21], por exemplo, é uma atitude de cidadania, pois sabemos que a reciclagem traz benefícios para todo o planeta.

---

[21] Reciclar é dar novo uso a um material usado, reaproveitando-o para obtenção ou fabricação de novos produtos.

Não anular o voto ou não votar em branco também é uma atitude consciente, pois de nada adianta não escolher um candidato; um dos candidatos sempre será eleito.

Não participar de atos de vandalismo como pichar patrimônios públicos ou destruir qualquer bem coletivo também é atitude civilizada do cidadão. Reivindicar direitos de forma pacífica e sem atitudes violentas, não jogar lixo nas ruas, nos rios, na praia ou na mata, evitando assim enchentes; respeitar o vizinho, não colocando o som alto demais; respeitar as leis de trânsito; não destruir o transporte público... enfim, ter atitude de cidadão é pensar coletivamente, sabendo que vivemos em sociedade, que o outro também existe e deve ser respeitado.

Cabe à educação um papel fundamental em relação à cidadania, pois, através dela, pode-se moldar valores, atitudes e comportamentos que levarão a humanidade a agir em prol das necessidades de todos.

Cidadania deve ser matéria do currículo escolar em todos os lugares do mundo, como parte integrante da educação de cada criança, jovem ou adulto.

A educação não-formal também é importante para o processo de compreensão da cidadania. Valores que nos são ensinados pela família, como honestidade, solidariedade e moral, também são aplicados em uma sociedade onde se prima pela civilidade e cidadania.

Ensinar teoricamente o conceito de cidadania é possível, porém ela só ocorre na prática quando respeitamos o direito do outro e também através da participação do cidadão em tudo que diz respeito à sociedade em que vive.

O bem comum e o respeito ao próximo, visados na religião, também são condições básicas para a cidadania. Todos fazemos parte de uma única raça: a humana. Desse modo, o cultivo à tolerância e à fraternidade leva ao respeito às várias culturas existentes e à compreensão da diversidade religiosa e social, conduzindo a humanidade ao sentimento de unidade racial e à visão da responsabilidade que todos devem ter para que a cidadania possa ser exercida em todo o planeta.

Para que todos tivessem o direito à cidadania, muitos lutaram e deram sua vida por isso. Direitos que antes eram privilégio de alguns passaram a ser de todos, como é o caso do voto. Do mesmo modo, após muita luta, a escravidão teve fim no mundo inteiro e a liberdade passou a ser um direito.

Todos deveriam ser cidadãos, mas nem todos o são. É direito de cada ser humano ter uma vida digna.

No Brasil, a organização pacífica de alguns grupos tem levado a bons êxitos. É o caso dos "caras-pintadas", jovens estudantes que, no início da década de 1990, saíram às ruas em amplas mobilizações sociais para pedir a saída do presidente Fernando Collor de Mello, que estava bastante envolvido em escândalos de corrupção. Essa movimentação pacífica dos estudantes e da sociedade de modo geral conduziu ao desfecho esperado: o primeiro *impeachment* de um presidente brasileiro.

Os estudantes que participaram dessas manifestações eram chamados de "caras pintadas" porque pintavam o rosto com as cores da bandeira do Brasil e exigiam ética e moral na política.

O direito a ter direitos está assegurado na Lei, o direito a ser cidadão foi conquistado; porém, a cidadania ainda não está ao alcance de todos. Enquanto houver desigualdades sociais, os direitos humanos e a cidadania ainda serão metas a se alcançar.

Saiba +

Na década de 1990, Betinho foi um ícone da luta pelos direitos humanos e pela cidadania no Brasil. Preocupado com a população carente e faminta, organizou grandes campanhas de arrecadação e distribuição de alimentos.

Herbert José de Sousa (1935-1997), conhecido como **Betinho**, foi sociólogo e ativista dos direitos humanos. Criou o projeto chamado *Ação da cidadania contra a miséria e pela vida*, que levou alimentos a comunidades carentes em toda parte do Brasil.

Betinho também integrou as forças sociais que lideraram manifestações pelo impedimento do presidente Fernando Collor; contudo, o seu projeto de vida mais importante foi certamente a campanha pela cidadania e contra a miséria, propiciando um mínimo de dignidade aos excluídos.

Ética e moral

Ética e moral são normalmente confundidas, pois tratam de assuntos intimamente relacionados, de difícil distinção, vindo a contribuir para isso a própria etimologia destes termos. Tanto em grego como em latim, ambas são provenientes da palavra *costume*, ou seja, *conduta*.

Moral é um conjunto de regras de conduta que tem como objetivo nortear o comportamento de um indivíduo na sociedade. É encontrada em todos os grupos sociais e adquirida pela educação, pela tradição e pelo cotidiano. É anterior à própria sociedade, pois os humanos em geral aprendem a diferença entre o Bem e o Mal.

Durante milênios, o homem primitivo viveu sem religião, mas já existiam determinadas normas consuetudinárias (relacionadas a costumes), que serviam para regulamentar as relações e, portanto, já tinham um caráter moral.

A religião não cria a moral, nem é condição indispensável para ela, mas inclui uma forma de regulamentação das relações entre os seres humanos, ou seja, certa moral.

Contudo, há também uma moral que tem como inspiração a religião, que, nesse caso, desempenha a função de regulamentar as relações entre os homens de acordo com a própria religião. Por vivermos em sociedade, a moral é também um empreendimento social e é eminentemente prática.

Em todas as religiões, encontramos regras de conduta, ou seja, a moral. No cristianismo, essas regras são encontradas em vários trechos da *Bíblia*, e os dez mandamentos figuram entre as mais importantes, além dos ensinamentos de Jesus.

Também são encontradas regras de conduta no budismo, hinduísmo, islamismo, judaísmo e em outras religiões.

Saindo do âmbito religioso, a moral deve ser aplicada em qualquer segmento da sociedade, desde a família até a política, porém nem todos a praticam. Ela não se aplica somente aos preceitos dos seguidores de determinadas religiões, ela é aplicada a todos que convivem em sociedade.

A palavra *ética* é originária do grego *ethos*, que significa *modo de ser*. A ética investiga e explica as normas morais; é o conjunto de ideias ou crenças de uma pessoa ou grupo.

É uma forma de legislar o comportamento moral dos seres humanos, e tem como princípio a liberdade e a dignidade humanas. Ela nos orienta em relação a querer o bem de todos.

A moral é a realização da ética em nosso cotidiano. A moral pode sofrer modificações dependendo da cultura, do meio social. Portanto, o que pode ser considerado um ato imoral em um meio, pode ser perfeitamente aceito em outra cultura. Assim, a moral se modifica conforme a cultura e o tempo.

Ética e moral se completam, pois existe uma relação entre ambas, são os maiores valores que um ser humano pode ter. Através da liberdade de escolha, o indivíduo pode construir ou destruir, querer o bem ou o mal, prejudicar ou ajudar; enfim, seus atos podem ser morais ou imorais, podem ser éticos ou não.

Cada um tem liberdade de escolha, mas o ideal é seguir o caminho de pessoas que trilharam o caminho da moral e da ética, como Gandhi, Madre Teresa de Calcutá (1910-1997) e Francisco de Assis, que, através de suas escolhas conscientes, preferiram ajudar a humanidade.

1. (Concurso Prefeitura de Concórdia-SC) Das afirmativas abaixo, referentes às relações entre moral e religião, assinale a alternativa errada.

a) A religião inclui certa forma de regulamentação das relações entre os homens, ou seja, certa moral.

b) A moral não somente não se origina da religião, mas também é anterior a ela.

c) A religião implica numa certa moral e que, para essa, Deus é garantia dos valores morais e da realização da moral; segue que a moral não é possível sem religião.

d) A religião não cria a moral, nem é condição indispensável – em qualquer sociedade – para ela. Mas, evidentemente, existe uma moral de inspiração religiosa que desempenha também a função de regulamentar as relações entre os homens em consonância com a função da própria religião.

e) Durante milênios, o homem primitivo viveu sem religião, mas não sem certas normas consuetudinárias que regulamentavam as relações entre os indivíduos e a comunidade e, ainda que em forma embrionária, já tinha um caráter moral.

2. (Concurso Prefeitura de Concórdia-SC) Leia esta afirmação:

Dizer que a ética é independente da religião não é negar que teólogos ou outros crentes religiosos possam ter um importante papel a desempenhar na vida moral. Tradições religiosas frequentemente têm longas histórias no trato com dilemas éticos.

Prof. Dr. Marcos de Almeida

A partir da leitura dessa frase, marque a alternativa correta.

a) O ensino religioso tem a função de regular as relações entre os homens e manter as pessoas bem comportadas e obedientes a uma religião específica.

b) Através do ensino religioso e das normas consuetudinárias, pretende-se impor a moralidade específica do cristianismo.

c) O ensino religioso tem um importante papel na fundamentação dos limites éticos propostos pelas várias tradições religiosas.

d) Por questões éticas, cabe à escola propor adesão e vivência, com conotação de conhecimento revelado.

e) Por orientação ética, o ensino religioso deve ser desenvolvido a partir do proselitismo.

3. (Enem-MEC) Você está estudando o abolicionismo no Brasil e fica perplexo ao ler o seguinte documento:

Texto 1

Discurso do deputado baiano Jerônimo Sodré Pereira, 1979, Brasil.

No dia 5 de março de 1979, o deputado baiano Jerônimo Sodré Pereira, discursando na Câmara, afirmou que era preciso que o poder público olhasse para a condição de um milhão de brasileiros, que jazem ainda no cativeiro. Nessa altura do discurso foi aparteado por um deputado que disse: "Brasileiros, não".

Em seguida, você toma conhecimento da existência do Projeto Axé (Bahia), nos seguintes termos:

Texto 2

Projeto Axé, lição de cidadania, 1998, Brasil.

Na língua africana iorubá, *axé* significa "força mágica". Em Salvador, Bahia, o Projeto Axé conseguiu fazer, em apenas três anos, o que sucessivos governos não foram capazes: a um custo dez vezes inferior ao de projetos governamentais, ajuda meninos e meninas de rua a construírem projetos de vida, transformando-os de pivetes em cidadãos. A receita do Axé é simples: competência pedagógica, administração eficiente, respeito pelo menino, incentivo, formação e bons salários para os educadores. Criado em 1991 pelo advogado e pedagogo italiano Cesare de Florio La Rocca, o Axé atende hoje a mais de duas mil crianças e adolescentes. A cultura afro, de forte presença na Bahia, dá o tom do Projeto Erê (entidade criança do candomblé), a parte cultural do Axé. Os meninos participam da banda mirim do Olodum, do Ilê Ayê e de outros blocos, jogam capoeira e têm um grupo de teatro. Todas as atividades são remuneradas: além da bolsa semanal, as crianças têm alimentação, uniforme e vale-transporte.

Com a leitura dos dois textos, você percebe que a cidadania:

a) jamais foi negada aos cativos e aos seus descendentes.
b) foi obtida pelos ex-escravos tão logo a abolição foi decretada.
c) não era incompatível com a escravidão.
d) ainda hoje continua incompleta para milhares de brasileiros.
e) consiste no direito de eleger deputados.

4. **Leia estas afirmativas:**

I. Cidadania é a condição e o direito que todos têm de participar da vida política.
II. Para ser cidadão é necessário participar de alguma entidade filantrópica.
III. Cidadão é a pessoa que goza dos direitos de cidadania.
IV. A política não influencia nosso cotidiano.
V. O cidadão tem o direito, assegurado em lei, de participar da vida política.

Estão corretas:

a) as afirmativas II e IV b) as afirmativas IV e V

c) apenas a afirmativa I d) apenas a afirmativa III

e) as afirmativas I, III e V

5. (Seduc-CE) No Brasil, os "caras-pintadas" se destacaram nas amplas mobilizações sociais que levaram:

a) ao fim do governo João Goulart.

b) à conquista das Diretas Já.

c) ao *impeachment* de Fernando Collor de Mello.

d) ao fim do Provão nas universidades brasileiras.

Leia atentamente os textos I e II para responder às questões de 6 a 8.

Texto I

Faxineira devolve R$ 14 mil que encontrou em posto da Polícia Rodoviária no RS

Uma faxineira que trabalha no posto da Polícia Rodoviária Federal de Seberi (432 km de Porto Alegre) devolveu cerca de US$ 6.700 (R$ 14.050) que encontrou no banheiro destinado aos visitantes, que fica do lado de fora da unidade. [...]

Segundo o policial rodoviário federal José Cardoso, Clélia é de uma firma terceirizada, mas trabalha há anos no posto da Polícia Rodoviária Federal. "Ela foi escolhida justamente por ser uma pessoa de confiança. Sempre foi super-honesta", afirmou.

Mãe solteira, de duas filhas, ela ganha cerca de R$ 400 por mês. Isso significa que o dinheiro devolvido por ela representa três anos de salário.

Os dólares foram escondidos por dois homens presos pela Polícia Rodoviária por contrabando e descaminho de produtos de informática.

"A cidade aqui é pequena e eu a conheço desde a infância. Ela nem sequer pensou em ficar com o dinheiro", declarou José Cardoso.

Agência Folha. 13 mar. 2007.

Texto II

Fala-se em crise dos valores e na necessidade de um retorno à ética, como se esta fosse uma coisa que se ganha, se guarda, se perde e se acha e não a ação intersubjetiva consciente e livre que se faz à medida que agimos e que existe somente por nossas ações e nelas.

Marilena Chauí

6. (Concurso Prefeitura de Cuiabá-MT) Com base no texto I, é correto afirmar que a atitude da faxineira Clélia se fundamenta no princípio de que a consciência moral:

a) é inata e, como tal, está imune a ser corrompida pelas circunstâncias vivenciadas por cada sujeito.
b) desenvolve-se apenas no meio familiar.
c) é determinada pelas normas reconhecidas como obrigatórias por cada grupo de pessoas.
d) não é inata, vai se constituindo ao longo da vida, por meio de experiências pessoais vivenciadas em determinado contexto sociocultural.
e) é moldada tão somente pelos traços definidores de cada cultura.

7. **(Concurso Prefeitura de Cuiabá-MT) A partir da leitura do texto II, analise as afirmativas.**

I. A ética existe pela ação dos sujeitos individuais e sociais.
II. A crise de valores é decorrente da falta de ética moral.
III. A ética independe das ações praticadas pelo sujeito no seu cotidiano.
IV. A ética se consolida por laços e formas de sociabilidade criados pela ação humana historicamente determinada.

Estão corretas as afirmativas:

a) II e IV, apenas.
b) I e III, apenas.
c) I, III e IV, apenas.
d) II, III e IV, apenas.
e) I e IV, apenas.

8. **(Concurso Prefeitura de Cuiabá-MT) Assinale a afirmativa que não se aplica à relação entre o texto I e o texto II.**

a) Ocorre divergência entre o comportamento demonstrado por Clélia e o conceito de ética sugerido por Marilena Chauí.
b) Com a sua atitude, Clélia reforça a ideia defendida por Chauí de que ética se revela nas nossas ações.
c) A atitude de Clélia sugere que os valores morais são sustentados por princípios éticos, como defende Chauí.
d) O último trecho da fala do policial José Cardoso sustenta a ideia de Marilena Chauí de que a ética se manifesta na *ação intersubjetiva e livre*.
e) A atitude de Clélia reafirma a ideia defendida por Chauí de que a crise de valores não significa a perda total da ética.

9. **(Concurso Prefeitura de Cuiabá-MT) Leia este texto.**

Em fevereiro de 2007, a revista *Veja* entrevistou o filósofo australiano Peter Singer, especialista em ética. Ao responder à pergunta sobre a relação valores morais na sociedade brasileira e crimes bárbaros, como o assassinato do menino João Hélio, de 6 anos, ocorrido na cidade do Rio de Janeiro, no início de fevereiro, Singer argumentou que: "Quando pessoas supostamente normais cometem barbárie como essa (referência ao assassinato do menino João Hélio) é uma prova de que a sociedade em questão perdeu o controle de si mesma".

Adaptado das páginas amarelas da revista *Veja*, 21 fev. 07.

Com base na resposta de Peter Singer sobre a questão abordada, é correto afirmar:

a) As ações individuais praticadas em uma determinada sociedade são independentes dos valores morais dessa mesma sociedade.

b) As infrações isoladas comprometem os princípios éticos que disciplinam e regulam os costumes, a moral e a conduta das pessoas nas diferentes esferas sociais.

c) Pequenas infrações isoladas não repercutem nos valores morais de uma sociedade.

d) Os valores morais de uma sociedade são inabaláveis.

e) A perda dos princípios da ética moral compromete apenas os direitos individuais.

10. **(Concurso Eletrobras, adaptado) Leia este texto:**

O ser humano vive em sociedade, convive com outros seres humanos e, portanto, cabe-lhe pensar e responder à seguinte pergunta: "Como devo agir perante os outros?

Trata-se de uma pergunta fácil de ser formulada, mas difícil de ser respondida.

Ora, esta é a questão central da moral e da ética. Moral e ética, às vezes, são palavras empregadas como sinônimos: conjunto de princípios ou padrões de conduta. Ética pode também significar Filosofia da Moral; portanto, um pensamento reflexivo sobre os valores e as normas que regem a conduta humana.

Brasil. Ministério da Educação. Secretaria da Educação Fundamental. *Parâmetros curriculares nacionais: apresentação dos temas transversais.* Brasília, 1997. p. 69-73.

Em relação aos princípios éticos e aos valores morais, analise as afirmativas a seguir:

I. Dependendo de sua etnia ou gênero, o ser humano precisa ser respeitado de modo digno.

II. O pluralismo político também é um valor moral: Cada ser humano tem direito de ter sua própria opinião, de expressá-la e de se organizar em torno dela. Não se deve, portanto, obrigá-lo a silenciar ou a esconder os seus pontos de vista.

III. Os valores éticos e morais são imutáveis, independentemente do grupo social e do tempo, uma vez que são princípios tão sólidos que constituem a base de construção de qualquer sociedade em qualquer momento histórico.

IV. A democracia é um regime político e também um modo de sociabilidade que permite a expressão das diferenças, a expressão dos conflitos, a pluralidade. Portanto, deve valer a liberdade, a tolerância, a sabedoria de conviver com o diferente.

As afirmativas corretas são somente:

a) I, II e III   b) I, II e IV   c) I, III e IV

d) II, III e IV   e) I, II, III e IV

Descomplicando o ensino religioso

(Concurso Prefeitura de Cuiabá-MT) Sobre valores morais, assinale V para as afirmativas verdadeiras e F para as falsas.

( ) Os valores morais norteiam o comportamento das pessoas somente nas relações profissionais.

( ) O respeito e o senso de justiça são valores morais universais.

( ) Criados na vida social para orientar as ações humanas e regular a relação entre as pessoas, os valores morais sofrem influências da cultura e da realidade de cada sociedade.

Assinale a sequência correta.

a) V, V, V b) V, F, F c) F, V, V d) F, F, V e) V, F, V

Resolução e comentários

A primeira afirmativa é falsa, pois os valores morais não norteiam o comportamento das pessoas apenas nas relações profissionais; eles devem fazer parte de toda e qualquer relação/interação humana. Como as demais alternativas expressam afirmações verdadeiras, a resposta certa está na alternativa **c**.

8 No caminho da tolerância

Todo ser humano tem o direito à liberdade de pensamento, consciência e religião; este direito inclui a liberdade de manifestar essa religião ou crença, pelo ensino, pela prática, pelo culto e pela observância, isolada ou coletivamente, em público ou em particular.

Declaração Universal dos Direitos Humanos

Religiões de origem africana

Candomblé

Quando os negros chegaram ao Brasil na condição de escravos (entre 1549 e 1888), não tinham liberdade para professar suas religiões. Provenientes de diversas regiões da África, com crenças, costumes e dialetos diferentes, muitas vezes não conseguiam se comunicar entre si. Nesse sentido, os escravos encontraram no candomblé uma forma de expressão cultural e religiosa acessível a todos.

O candomblé surgiu, então, como uma possibilidade de reunir diversas crenças em uma só, tornando os escravos unidos, além de ser um meio de resistência à escravidão.

A vida cotidiana do escravo constituía-se em constantes castigos físicos, trabalho em excesso, muitas vezes em mais de uma atividade, e inúmeras proibições; uma delas, era a de não cultuar os orixás africanos.

Pelas diferenças étnicas dos escravos, surgiram diferentes nações no candomblé, porém a mais conhecida é a Yorubá (grupo étnico da Nigéria).

No candomblé, as nações se distinguem pelas divindades veneradas, pelas cantigas, pela língua usada no ritual, pelo vestuário dos orixás, pela forma de tocar os tambores, enfim, pelas práticas utilizadas nos rituais.

Os escravos eram proibidos de realizar qualquer tipo de ritual africano. Para não encontrar a resistência de seus senhores, colocavam então escondidos sobre seus assentamentos alguns santos católicos e realizavam suas danças, dando origem assim a um **sincretismo**[22] religioso.

A palavra *candomblé* significa *dança* e é sinônimo de uma religião africana, designando o culto dos orixás.

Para os seguidores do candomblé, todas as coisas são seres encantados e só existem porque os orixás o permitiram. Assim, como forma de agradecimento pela dádiva concedida pelos orixás (forças da natureza), seus seguidores constantemente fazem oferendas e sacrifícios a eles, e isso é feito através de rituais.

Os seguidores do candomblé pregam que cada orixá tem personalidade e características próprias. Segundo essa crença, cada pessoa ao nascer é escolhida por um ou por vários orixás, e alguns são incorporados por iniciados em rituais e outros não são incorporados.

Apesar da crença nos diversos orixás, essa religião é monoteísta, pois, para ela, existe um deus único, criador de todos os outros.

De acordo com as crenças veiculadas no candomblé, existem mais de duzentos orixás.

Após a abolição da escravatura em 1888, o candomblé passou por grande impulso, expandindo-se para outras classes sociais. Hoje, reconhecido como religião, possui templos e terreiros legalizados e um grande número de seguidores. Apesar da atual *Constituição* proibir qualquer tipo de discriminação religiosa, essa religião ainda é alvo de preconceito e desprezo.

Umbanda

A umbanda é uma religião formada a partir das crenças do candomblé, apropriando-se de elementos da religião católica e espírita, além de outras religiões africanas. É considerada exclusivamente brasileira, apesar de todo o seu sincretismo religioso. Há várias vertentes dessa religião.

---

[22] Recorde que sincretismo religioso é a fusão de diferentes cultos ou doutrinas, fazendo uma reinterpretação de seus elementos.

Os umbandistas acreditam em um deus supremo, criador de todo o Universo; devem praticar a fraternidade, caridade e respeito ao próximo; cultuam os orixás; acreditam em alma e na reencarnação, além de manifestarem guias (espíritos desencarnados) para fazer trabalhos espirituais.

Seus cultos ocorrem em templos, terreiros ou centros. Acreditam que os orixás estão em todos os lugares, sendo forças da natureza; e que cada pessoa, ao nascer, vem ligada a um orixá.

Nos cultos umbandistas, são os médiuns[23] que fazem a ligação entre os vivos e os mortos. Existe o *médium* de incorporação (que incorpora os espíritos), o atabaqueiro (transmite vibração espiritual), o corimba (cuida do cântico) e o cambona (atende as entidades).

Para os umbandistas, o *médium* deve ser humilde e aceitar a sua mediunidade como uma forma de praticar o bem e de fazer caridade, servindo como intermediário para os espíritos superiores.

Em algumas ramificações da umbanda há sacrifício de animais; em outras essa prática não existe. O mesmo ocorre em relação à bebida alcoólica, que em muitos terreiros é utilizada e em outros não. Os despachos, que são as oferendas à divindade da qual se espera uma resposta, um favor, são feitos em variados locais: na mata, no mar, em cachoeira, cemitério ou encruzilhadas.

Assim como o candomblé, os seguidores da umbanda às vezes sofrem discriminação de pessoas que não respeitam a diversidade.

Diversidade religiosa

Espírita, evangélico, budista, judeu, hinduísta, católico, islâmico, umbandista... não importa qual seja a denominação, todas as religiões devem buscar a paz, a prática da fraternidade e a caridade.

Não existe religião que não tenha um objetivo; todas apresentam um ideal de mundo, todas querem um mundo melhor onde todos possam viver em paz, como irmãos que são.

O artigo XVIII da *Declaração Universal dos Direitos Humanos* afirma que "todo ser humano tem direito à liberdade de pensamento, consci-

[23] Segundo a umbanda, todas as pessoas que se comunicam com os espíritos são consideradas médiuns.

ência e religião; este direito inclui a liberdade de mudar de religião ou crença e a liberdade de manifestar essa religião ou crença, pelo ensino, pela prática, pelo culto e pela observância, isolada ou coletivamente, em público ou em particular".

O artigo 5º, inciso VI, da *Constituição Federal*, afirma que "é inviolável a liberdade de consciência e de crença, sendo assegurado o livre exercício dos cultos religiosos e garantida, na forma da lei, a proteção aos locais de culto e a suas liturgias".

Nesse sentido, toda pessoa tem assegurado o direito à liberdade religiosa, não importando qual seja a sua crença. O direito a escolher uma religião é pessoal e inquestionável. Cada um tem até mesmo o direito de optar em não escolher religião alguma.

Quando uma pessoa é humilhada ou discriminada em função de sua escolha religiosa, são violados seus direitos humanos e constitucionais. Ela torna-se, portanto, vítima de um crime, além de ter sua espiritualidade invadida e desrespeitada.

Apesar disso, ainda hoje, em alguns países a intolerância religiosa é predominante, sendo motivo de conflitos e guerras.

Ao longo da história da humanidade, inúmeros conflitos e mortes ocorreram em nome da religião. São vários os exemplos:

- **Cruzadas** (entre os séculos XI e XIII): causaram a morte de milhares de pessoas, em conflitos envolvendo cristãos, muçulmanos e judeus.
- **Inquisição** (século XIII): milhares de pessoas foram julgadas e condenadas à morte, muitas delas queimadas vivas em praça pública.
- **Catequisação na América**: imposição da religião católica aos habitantes das Américas: indígenas.
- **Guerra dos Trinta Anos** (1618-1648): uma série de guerras envolvendo reinos europeus segundo suas variadas rivalidades religiosas, territoriais, comerciais.

Além desses, diversos outros conflitos revelaram intolerância religiosa e/ou sobreposição de uma religião como superior e única a ser seguida.

Atualmente, ainda há diversos exemplos de intolerância religiosa: os conflitos na Irlanda, entre católicos e protestantes, e no Oriente Médio, entre judeus e muçulmanos.

Jesus Cristo, Sidarta Gautama (Buda) e Mohamed, por exemplo, deram origem a grandes religiões, que surgiram para dar continuidade aos seus ensinamentos. Todos eles pregavam o amor, a igualdade e a fraternidade. Seus ensinamentos nos mostram que cada povo, cada cultura, cada nação, cada pessoa tem o direito de escolher o melhor caminho para chegar a Deus.

A multiplicidade de religiões que foram construídas por diversos povos com culturas diferentes permite que, na diferença, todos sejam iguais.

Alá, Deus ou Javé, não importa o nome dado ao Transcendente. Ele deseja a paz entre seus filhos, os seres humanos. Assim, qualquer tipo de violência e discriminação que exista em nome da religião deve ser condenado, pois somente a tolerância, o respeito mútuo e a compreensão levam à paz tão almejada.

Saiba +

Espiritismo é a crença de que a essência humana é um espírito imortal com vidas sucessivas (reencarnação). Para os espíritas, há comunicação entre vivos e mortos, geralmente pelo intermédio de um *médium*.

Trata-se de um sistema religioso eclético, com elementos oriundos de vários sistemas religiosos e filosóficos, que começou a ser organizado como religião por volta de 1848.

Entre os espíritas, destaca-se o professor Hippolyte Léon Denizard Rivail, conhecido como Allan Kardec (França, 1804-1869), que psicografou e publicou *O livro dos espíritos* a partir de ensinamentos, segundo ele, recebidos e revelados por espíritos desencarnados. Também é de autoria de Kardec o livro *O evangelho segundo o espiritismo*, no qual o autor analisa os evangelhos presentes na *Bíblia* cristã sob a ótica da doutrina espírita e atribui a Jesus o papel de uma entidade superior e não o de filho de Deus, como os cristãos.

No Brasil, as doutrinas de Kardec ficaram mais conhecidas por kardecismo.

1. Religião afro-brasileira que cultua os orixás, deuses das nações africanas de língua yorubá dotados de sentimentos humanos como ciúme e vaidade. Essa religião chegou ao Brasil entre os séculos XVI e XIX com o tráfico de escravos negros da África Ocidental.

   A religião em questão é:
   a) umbanda b) candomblé c) cristianismo
   d) kardecismo e) hinduísmo

2. (PUC-MG) Leia este anúncio publicado em um jornal no ano de 1879:

   Fugiu da fazenda do Cruzeiro, distrito da Glória, termo de Queluz, Joaquim, escravo pertencente ao tenente Antônio Lopes de Faria, com os seguintes sinais: crioulo, barbado, alto, cheio de corpo, boa dentadura, sobrancelhas serradas, na mão direita tem o dedo máximo ou terceiro aleijado e no cotovelo dum dos braços tem uma cortadura, pés tortos para dentro e nos dedos grandes dos pés não tem unhas, sinais de chicotadas pelo corpo, entende de carpinteiro, é bom tropeiro; dá-se a quantia de 100$000 a quem o trouxer e entregar a seu senhor e pondo em alguma cadeia ou dando notícias certas gratifica-se com 50$000 [...].

   Jornal *O Constitucional de Ouro Preto*, 20 jul. 1879. p. 4.

   Pelas informações do anúncio, é correto afirmar que fazia parte do cotidiano do escravo, exceto:
   a) o castigo físico, disciplinador da subordinação ao senhor.
   b) o trabalho e, muitas vezes, o exercício de mais de uma atividade.
   c) a aceitação social da vontade própria do escravo.
   d) a rebeldia, expressa na consumação da fuga.

3. (Concurso Prefeitura de Concórdia-SC) Toda a religião gira em torno dos orixás, entidades divinas, com histórias e atributos próprios. Os orixás foram identificados, com algumas diferenças regionais, com santos católicos, o que caracteriza muito bem o sincretismo com o qual se desenvolveu o seu culto aqui no Brasil.
   O texto apresenta as características:
   a) do hinduísmo. b) da umbanda. c) do espiritismo.
   d) do budismo. e) do judaísmo.

4. (UFAC) Leia atentamente as frases seguintes e identifique a alternativa correta.
   I. Os quilombos constituíam-se em agrupamentos de negros fugidos, como forma mais significativa de luta contra a escravidão.
   II. O mais conhecido núcleo de escravos fugitivos surgiu no século XVI, sob o nome de Palmares.
   III. O número de quilombos de que se tem registro dá uma imagem distorcida de sua frequência real, muito maior que aquela revelada por nossa historiografia tradicional em suas descrições.

a) Apenas a frase I está correta.
b) Apenas a frase II está correta.
c) As frases I, II e III estão certas.
d) As frases I, II e III estão erradas.
e) Apenas a frase III está certa.

5. (Concurso Prefeitura de Natal-RN) O espiritismo acredita na sobrevivência da alma, na busca da iluminação ou perfeição. Para os espíritas, o objetivo da alma é purificar-se e voltar ao Deus supremo. Esse processo é cíclico e acontece através de sucessivas:

a) reintegrações. b) ressurreições.
c) salvações. d) reencarnações.

Descomplicando o ensino religioso

(Concurso Prefeitura de Concórdia-SC) Sobre a compreensão espírita da pessoa de Jesus Cristo, é correto afirmar:

a) É um profeta a quem Deus revelou sua mensagem a fim de que ela fosse transmitida ao restante da humanidade através dos evangelhos.
b) É um mito que serve de guia, modelo e expressão da mais pura Lei de Deus para toda a humanidade.
c) É a segunda pessoa da Trindade, o filho de Deus, e encarnado a fim de morrer e salvar os seres humanos do pecado e da condenação eterna.
d) É um exemplo, entre tantos outros, de pessoa que levou às últimas consequências a prática da caridade, mas que não alcançou a elevação do espírito.
e) É visto como grande entidade encarnada, o espírito mais elevado conhecido em toda a história da Terra, não tendo natureza divina, e sendo o guia e modelo para a humanidade.

Resolução e comentários

Para os espíritas, Jesus é apenas uma entidade encarnada com espírito elevado, não possuindo natureza divina. Diferentemente dos cristãos, os espíritas não o veem como messias, como filho de Deus ou como a segunda pessoa da Trindade Santa. Nesse sentido, a resposta esperada está na alternativa **e**.

9 Sentimentos verdadeiros

O amor é a única força capaz de transformar um inimigo num amigo.

Martin Luther King Jr.

Amor

O apóstolo Paulo, em carta enviada à igreja de Corinto, escreveu:

> Ainda que fale as línguas dos homens e dos anjos, se não tiver amor, serei como o bronze que soa, ou como o címbalo que retine.
>
> Ainda que eu tenha o dom de profetizar e conheça todos os mistérios e toda a ciência; ainda que eu tenha tamanha fé, a ponto de transportar montanhas, se não tiver amor, nada serei.
>
> E ainda que eu distribua todos os meus bens entre os pobres e ainda que entregue meu próprio corpo para ser queimado, se não tiver amor, nada disso me aproveitará.
>
> O amor é paciente, é benigno, o amor não arde em ciúmes, não se ufana, não se ensoberbece, não se conduz incovenientemente, não procura seus interesses, não se exaspera, não se ressente do mal; não se alegra com a injustiça, mas regozija-se com a verdade.
>
> Tudo sofre, tudo crê, tudo espera, tudo suporta.
>
> O amor jamais acaba. Mas, havendo profecias, desaparecerão; havendo línguas, cessarão; havendo ciência, passará.
>
> Porque em parte conhecemos, e em parte profetizamos.
>
> Quando, porém, vier o que é perfeito, o que então é em parte será aniquilado.
>
> Quando eu era menino, falava como um menino, sentia como um menino. Quando cheguei a ser homem, desisti das coisas próprias de menino.
>
> Porque agora vemos como em espelho, obscuramente, e então veremos face a face; agora conheço em parte, e então conhecerei como sou conhecido.
>
> Agora, pois, permanecem a fé, a esperança, e o amor. Estes três. Porém, o maior deles é o amor.

Bíblia Sagrada. 1ª epístola de Paulo aos Coríntios, capítulo 13, versículos 1-15.

O ser humano se distingue dos animais irracionais por diversas características. Uma delas é a capacidade de amar. Um exemplo desse amor é o dos pais, que normalmente amam seus filhos de modo incondicional. Diferentemente dos outros animais, que cuidam de seus filhotes enquanto são novos, parecendo amá-los, porém movidos meramente por instinto.

Entre outras formas de definir o amor, pode-se afirmar que se trata de um ato de doação. Amar é desejar para os outros o que se deseja para si.

Todas as pessoas precisam se sentir amadas, pois a realização como pessoa e a sensação de felicidade também dependem desse sentimento.

Existem diferentes formas de amar e, portanto, diversos tipos de amor. Por exemplo, o amor entre pais e filhos difere do amor entre namorados ou do amor entre irmãos, como veremos a seguir.

Amor fraterno é aquele em que se tem o outro como irmão. É o amor ao próximo, ensinado por Jesus Cristo. A palavra *fraterno* vem de *frater*, que em latim quer dizer *irmão*.

Amor próprio é de amar a si mesmo, sem egoísmos ou narcisismo. É querer-se bem sem se importar apenas consigo mesmo. Um dos mandamentos deixados por Jesus Cristo foi "ama o teu próximo como a ti mesmo", portanto, é preciso se amar para amar ao próximo. Ou seja, somente quando amamos a nós mesmos podemos amar ao próximo.

Amor paixão é o amor que se sente por uma determinada pessoa. Está associado ao envolvimento e ao contato íntimo com o corpo do outro, bem como com o desejo físico.

O amor manifesta-se das mais variadas formas, porém é um sentimento simples e natural. É considerado sagrado, pois traz em si a verdadeira manifestação da existência divina, posto que Deus é amor.

O amor é a ausência de egoísmo, pois estimula a solidariedade, a fraternidade e o enlace entre pessoas. Por outro lado, o egoísmo desperta a competição, o consumismo, o poder e a vantagem sobre o outro a qualquer custo.

Na mitologia grega, o personagem Narciso, que propiciou o surgimento da palavra *narcisismo*, representa um claro exemplo de egoísmo.

Musée do Louvre, Paris

Representação do personagem mitológico Narciso, em obra de Nicolas Poussin.

O mito de Narciso

Em tempos idos, na Grécia, o rio Cefiso engravidou a ninfa Liríope. Meses depois, Liríope, apesar de não desejar a gravidez, deu à luz uma criança de beleza extraordinária. Por causa disso, Liríope consultou o adivinho Tirésias sobre o futuro de seu filho, e ele vaticinou que Narciso viveria, desde que nunca visse sua própria imagem.

Sob essa condição, ele cresceu e tornou-se um moço tão belo quanto o fora em criança. Não havia quem não se apaixonasse por ele. Narciso, entretanto, permanecia indiferente.

Um dia, porém, estando sedento, Narciso aproximou-se das águas plácidas de um lago e, ao curvar-se para beber, viu sua imagem refletida no espelho das águas. Maravilhado com sua própria figura, apaixonou-se por si mesmo. Desesperadamente, passou a precisar do objeto de seu amor, viu que não conseguiria mais viver sem aquele ser deslumbrante. Sua vida reduziu-se à contemplação daquele jovem tão belo: desejava-o, queria possui-lo. Desvairado, inclinando-se cada vez mais ao encontro do ser amado, mergulhou nos braços frios da morte.

Às margens do lago, nasceu uma entorpecedora flor: o narciso. Ela relembra para sempre o destino trágico daquele que, aparentemente apaixonado por si mesmo, era na verdade incapaz de amar.

Definir, conceituar e tentar entender o amor sempre foi uma atividade do ser humano ao longo do tempo. Na antiga Grécia, muito antes do nascimento de Cristo, o filósofo Platão dizia que é o amor que liga o mundo dos deuses ao mundo humano. Na *Bíblia*, Jesus contou a parábola do filho pródigo, que revela uma grande manifestação de amor do pai pelo filho:

Um certo homem tinha dois filhos. E o mais moço deles disse ao pai: Pai, dá-me a parte da fazenda que me pertence. Ele repartiu por eles a fazenda.

E, poucos dias depois, o filho mais novo, ajuntando tudo, partiu para uma terra longínqua e ali desperdiçou a sua fazenda, vivendo dissolutamente.

E, havendo ele gastado tudo, houve naquela terra uma grande fome, e começou a padecer necessidades.

E foi e chegou-se a um dos cidadãos daquela terra, o qual o mandou para os seus campos a apascentar porcos.

E desejava encher o seu estômago com as bolotas que os porcos comiam, e ninguém lhe dava nada.

E, caindo em si, disse: Quantos trabalhadores de meu pai têm abundância de pão, e eu aqui pereço de fome!

Levantar-me-ei, e irei ter com meu pai, e dir-lhe-ei: Pai, pequei contra o céu e perante ti. Já não sou digno de ser chamado de filho; faze-me como um dos teus trabalhadores.

E, levantando-se, foi para seu pai; e, quando ainda estava longe, viu-o seu pai, e se moveu de íntima compaixão, e, correndo, lançou-se-lhe ao pescoço e o beijou.

E o filho disse: Pai, pequei contra o céu e perante ti e já não sou digno de ser chamado de teu filho.

Mas o pai disse aos seus servos: Trazei depressa a melhor roupa, e vesti-lho, e ponde-lhe um anel na mão e sandálias nos pés, e trazei o bezerro cevado, e matai-o; e comamos e nos alegremo-nos, porque este meu filho estava morto e reviveu; tinha-se perdido e foi achado. E começaram a alegrar-se.

E o seu filho mais velho estava no campo; e quando veio e chegou perto de casa, ouviu a música e as danças. E, chamando um dos servos, perguntou-lhe que era aquilo.

E ele lhe disse: Veio teu irmão; e teu pai matou o bezerro cevado, porque o recebeu são e salvo. Mas ele se indignou e não queria entrar. E, saindo o pai, instava com ele.

Mas, respondendo ele, disse ao pai: Eis que te sirvo há tantos anos, sem nunca transgredir o teu mandamento, e nunca me deste um cabrito para alegrar-me com os meus amigos. Vindo, porém, este teu filho, que desperdiçou a tua fazenda com as meretrizes, mataste-lhe o bezerro cevado.

E ele lhe disse: Filho, tu sempre estás comigo, e todas as minhas coisas são tuas. Mas, era justo alegrarmo-nos e regozijarmo-nos, porque este teu irmão estava morto e reviveu; tinha se perdido e foi achado.

Bíblia Sagrada. Lucas, capítulo 15, versículos 11-32.

Os dois mandamentos deixados por Jesus incluem o amor: amar a Deus e amar ao próximo como a si mesmo. Neles, estão envolvidas três pessoas em amor (amar a Deus, amar ao próximo, amar a si). O amor tem grande poder e implica proporcionar felicidade ao outro. Jesus foi o maior divulgador do amor, pois se ofereceu em amor, como sacrifício vivo em lugar da humanidade.

O apóstolo João, um seguidor de Jesus Cristo, nos deixou este ensinamento:

> Amemo-nos uns aos outros, porque Deus é amor; e qualquer um que ama é nascido de Deus e conhece a Deus.
>
> Aquele que não ama não conhece a Deus, porque Deus é amor.
>
> Nisto se manifestou o amor de Deus em nós, em haver Deus enviado o seu filho unigênito ao mundo, para vivermos por meio dele.
>
> Nisto consiste o amor; não em que nós tenhamos amado a Deus, mas em que ele nos amou e enviou o seu filho como propiciação pelos nossos pecados.
>
> Amados, se Deus de tal maneira nos amou, devemos nós também amar uns aos outros.
>
> *Bíblia Sagrada.* I João 4, versículos 7-11.

Amizade

Epicuro (341-271 a.C.), um filósofo grego, disse: "de todos os bens que a sabedoria nos proporciona para a felicidade da nossa vida, o da amizade é de longe o maior".

A amizade é um sentimento que envolve afeição, ternura e lealdade entre pessoas, ainda que elas não tenham laços de parentesco ou envolvimento físico e afetivo.

Digital Vision

Normalmente, amigos partilham de interesses comuns e cooperam uns com os outros. São fiéis, honestos, leais e sinceros uns para com os outros.

Amizade e coleguismo não se confundem, pois a amizade propicia vínculos mais profundos. Normalmente, as pessoas têm vários colegas, com os quais convivem na escola, no clube, na academia, no trabalho e com eles tratam de assuntos corriqueiros. No entanto, com os amigos, falam de sentimentos, desejos, anseios, objetivos etc.

A amizade é conquistada gradativamente, construída diariamente, através da confiança, do respeito, da afeição e da compreensão que se dedica ao amigo.

Todos os seres humanos precisam de amigos. Por isso, é imprescindível preservá-los e ser fiel a eles, respeitando e amando o(a) amigo(a) como ele(ela) é; e agindo sem possessividade.

Leia a seguir uma fábula de Esopo (620-560 a.C.) a respeito da amizade:

Os amigos e o urso

Certo dia, dois amigos viajavam a pé por uma trilha no meio do bosque quando, de repente, surgiu diante deles um urso faminto e ameaçador, pronto para atacar.

Abandonando o amigo, um dos viajantes subiu rapidamente no galho mais alto de uma árvore. O outro, sozinho, diante do urso, e sentindo-se apavorado, deitou-se no chão, prendeu a respiração e fingiu-se de morto.

O urso aproximou-se e o cheirou com o focinho por um bom tempo. Depois, encostou o focinho junto às orelhas do homem e demorou algum tempo nesta posição, enquanto o homem mantinha presa a respiração.

Sem ter o que fazer, o urso afastou-se. O viajante levantou e certificou-se de que estava seguro. O outro desceu da árvore, aproximou-se com ar curioso e perguntou:

— Quando você estava deitado, o que foi que o urso fazia em sua orelha?

— Ah! na verdade, ele falou comigo na linguagem dos ursos e deu-me um conselho.

— Puxa, e o que foi que ele disse?

— O urso me disse que eu devia escolher melhor os meus amigos ao viajar. Pois o que estava na árvore havia me abandonado sozinho diante do perigo.

Felicidade

Todos os seres humanos desejam a felicidade, pois ela representa um indispensável ingrediente da vida.

Para algumas pessoas, a felicidade está relacionada a bens materiais: carros luxuosos, mansões, roupas caras, dinheiro etc. Para outras, está mais relacionada à satisfação do relacionamento interpessoal. A ideia de felicidade é peculiar a cada um; no entanto, a felicidade pode ser definida como um conjunto de emoções e sentimentos que propiciam bem-estar espiritual, contentamento, tranquilidade, paz, calma, plenitude, serenidade, alegria e até júbilo.

As causas da felicidade variam de pessoa para pessoa, conforme o contexto, a época, a idade etc. No entanto, todas elas estão ligadas ao prazer e à satisfação.

Digital Vision

Liberdade

A poetisa brasileira Cecília Meireles referiu-se à liberdade desse modo: "Liberdade, essa palavra que o sonho humano alimenta, que não há ninguém que explique e ninguém que não entenda".

A liberdade, assim como a felicidade, é uma característica humana, ou seja, é exclusiva dos seres racionais. Os animais irracionais vivem em função do instinto, sendo guiados por eles; portanto, não são livres, pois não podem escolher.

Uma das formas de definir liberdade é associá-la à possibilidade ou à capacidade que temos de escolher entre duas ou mais alternativas, entre dois ou mais caminhos.

O livre-arbítrio instituído por Deus permite a cada um escolher entre o Bem e o Mal, entre amar ou desprezar, preservar ou destruir, ser fraterno ou egoísta; ou seja, é a autonomia, a espontaneidade praticada por seres humanos.

Liberdade também pode ser definida como a ausência da submissão, pois se caracteriza pela ação voluntária e consciente.

A liberdade deve ser usada com responsabilidade, pois nenhuma escolha deve ser feita no intuito de prejudicar a outros ou de se levar vantagem em detrimento de alguém. Nesse sentido, liberdade, impulso, inconsequência e irresponsabilidade não são sinônimos.

A responsabilidade está intimamente ligada à liberdade, são inseparáveis e indissociáveis.

A história da humanidade nos mostra líderes como o ditador alemão Adolf Hitler (1889-1945), que usou sua liberdade de modo irresponsável, tirando a liberdade de outros e provocando mortes. Por meio do nazismo, mais de seis milhões de judeus foram dizimados. Detentor do poder, escolheu irresponsavelmente destruir famílias e ordenar a morte de adultos e crianças inocentes.

Por outro lado, há também líderes que optaram pelo Bem. É o caso de Madre Teresa de Calcutá (1910-1997), que, ao longo de sua vida, praticou a caridade aos excluídos da sociedade. Quanto ao bem que praticava, ela disse: "O que eu faço é uma gota no meio de um oceano. Mas, sem ela, o oceano será menor".

Madre Teresa de Calcutá entregou-se ao serviço aos pobres, vivendo entre eles, cuidando dos excluídos, levando os moribundos das ruas para um lar para que tivessem abrigo e alimento e pudessem morrer em paz e com dignidade.

Saiba

AKG-Berlim – Latin Stock

Madre Teresa de Calcutá

Agnes Gonxha Bojaxhiu nasceu em 1910, em uma família católica de comerciantes albaneses em Skopje, em uma comunidade na antiga Macedônia. Foi educada numa escola pública, tendo uma educação bastante religiosa, inclusive cantando no coral de sua igreja.

Ainda jovem descobriu sua vocação religiosa e ingressou na Congregação Mariana. Logo depois foi mandada para a Índia, onde fez seus votos finais. Passou a se chamar Teresa.

Em 1946, após ouvir um chamado divino, abandonou o convento de Loreto, onde morava, e foi viver entre os pobres. Após conseguir a nacionalidade indiana, Madre Teresa passou a se vestir como nativa, e fundou sua própria ordem, a das *Missionárias da Caridade*, passando a ajudar imensamente os mais necessitados através da criação de asilos, orfanatos, hospitais e casas religiosas.

Ajudou não apenas os necessitados da Índia, mas também os pobres de outros países. Em 1965, viajou por todo o mundo, levando seu ideal e sua mensagem de amor, fundando diversos centros humanitários.

Foi um exemplo de dedicação e renúncia própria. Foi agraciada com o Prêmio Nobel da Paz em 1979, como reconhecimento aos trabalhos prestados à humanidade. Faleceu em 1997, vítima de um ataque cardíaco.

Fraternidade e solidariedade

Fraternidade é amar ao próximo como se fosse um irmão sanguíneo, sabendo que todas as pessoas foram criadas pelo mesmo Deus, o que leva à igualdade na relação entre os seres humanos.

Museum of Fine Arts, Boston

Bouguereau. *Amor fraternal*. 1851.

A fraternidade é um conceito profundamente ligado às ideias de igualdade, liberdade e solidariedade, atitudes imprescindíveis à configuração e ao exercício da cidadania.

Como sabemos, o princípio dos direitos humanos é o de que todos os seres humanos nascem livres e são iguais. Desse modo, não há como dissociar liberdade e igualdade.

A solidariedade e a fraternidade também caminham juntas, mas não são sinônimos. Solidariedade também não é sinônimo de caridade, compaixão, assistencialismo ou voluntariado. Para além de tudo isso, trata-se de uma postura, uma firme disposição para a construção da cidadania, em defesa dos interesses coletivos. É um sentido moral que leva o ser humano a se vincular aos interesses do outro, de uma comunidade ou de um país.

Gestos solidários são comuns entre seres humanos após tragédias. No entanto, eles devem ser constantes e permanentes, sem que se manifestem apenas em meio a tragédias ou catástrofes, como a sequência de *tsunamis* ocorridos em dezembro de 2004 no oceano Índico, que deixou como consequência mais de 285.000 vítimas fatais e que mobilizou o mundo na ajuda aos sobreviventes, ou ainda no terremoto que em maio de 2008 deixou dezenas de pessoas soterradas na China.

Eduardo Gomes/Folha Imagem

Doações de todo o Brasil foram levadas para ajudar as vítimas das fortes chuvas que castigaram o estado de Santa Catarina no começo de 2009.

No Brasil, a população tem dado, ao longo do tempo, grandes demonstrações de fraternidade e solidariedade em diferentes ocasiões. Uma delas ocorreu em novembro de 2008, quando o estado de Santa Catarina sofreu uma catástrofe ambiental, em decorrência de uma enchente sem precedentes, que deixou aproximadamente 33 mil desabrigados e mais de 100 mortos.

O povo brasileiro demonstrou enorme solidariedade para com as vítimas, arrecadando cobertores, roupas, colchões, água e alimentos para os desabrigados, disponibilizando caminhões e helicópteros para o resgate das vítimas e se oferecendo como voluntário para ajudar aos catarinenses no trabalho de reconstrução de seus campos e cidades.

1. **(Concurso Prefeitura de Cambará-PR, adaptada) Quanto à** ***Declaração Universal dos Diretos Humanos*****, o que é melhor fazer?**
   a) Ser contra, afinal são declarações absurdas e que não podem ser realizadas.
   b) Não se posicionar, afinal nada vai mudar.
   c) Não ser contra nem a favor, pois tudo muda mesmo a cada dia.
   d) Ser contra, pois as leis no Brasil não são cumpridas.
   e) Ser a favor, pois é por eles que lutamos e acreditamos que assim conquistaremos uma sociedade mais justa, equilibrada e fraterna.

2. **(Concurso Prefeitura de Cambará-PR) Quando temos a dignidade humana ferida?**
   a) Quando usufruímos de amor, proteção, respeito, salário digno, paz.
   b) Quando temos segurança, lazer, educação, igualdade social.
   c) Quando temos habitação, assistência médica e escola gratuita.
   d) Quando vivemos em uma sociedade justa, sem miséria, sem doenças, sem drogas.
   e) Quando as doenças, corrupção, fome, guerras, violência fazem parte de nosso dia a dia.

3. **O principal ensinamento ao qual Jesus faz referência é:**
   a) solidariedade b) amizade c) felicidade
   d) amor e) fé

4. **Um dos gêneros textuais mais utilizado no Novo Testamento é a epístola (ou carta). Em um trecho da primeira Epístola aos Coríntios há uma profunda definição do amor. Quem a escreveu?**
   a) Jesus Cristo b) Lucas c) Paulo
   d) Pedro e) Mateus

5. **Assinale a alternativa correta.**
   a) Solidariedade e fraternidade são sinôminos, representando o mesmo sentido e o mesmo sentimento.
   b) Amizade e fraternidade são os mesmos sentimentos.
   c) Amor é uma firme disposição em defesa dos interesses coletivos.
   d) Liberdade e impulso são sinônimos.
   e) Felicidade pode ser definida como um conjunto de emoções e sentimentos que, entre outras coisas, propicia tranquilidade, paz, alegria e contentamento.

6. Narciso, personagem integrante da mitologia grega, é um modelo:

a) da obtenção da felicidade.
b) de solidariedade.
c) da incapacidade de amar e do egoísmo.
d) de fraternidade.
e) de obtenção de liberdade.

7. Os dez mandamentos foram resumidos por Jesus em dois. São eles:

a) Amar a si mesmo e amar a Deus.
b) Amar a Deus e ser solidário.
c) Buscar o reino de Deus e a sua justiça.
d) Amar a Deus acima de todas as coisas e ao próximo como a si mesmo.
e) Não furtar e não matar.

Descomplicando o ensino religioso

(Concurso Prefeitura de Cambará-PR) Pela *Declaração Universal dos Direitos Humanos*, todos os homens nascem livres e iguais em dignidade e direitos. São dotados de razão e de consciência e devem agir em relação uns aos outros com espírito de fraternidade. Esta afirmação está:

a) correta.
b) errada.
c) inadequada.
d) mais ou menos certa.
e) equivocada.

Resolução e comentários

A afirmação está correta.

O enunciado é uma reprodução fiel do primeiro artigo da *Declaração Universal dos Direitos Humanos*. Desse modo, a resposta certa está na alternativa **a**.

10 Tomando decisões

Não existe um caminho para a paz.
A paz é o caminho.

Mahatma Gandhi

A voz da consciência

A **consciência** é uma qualidade da mente humana que abrange, entre outras qualificações, a sabedoria, a autoconsciência, a cognição, o julgamento e a capacidade de perceber a relação entre si e o outro e também entre si e o ambiente. Trata-se de uma estrutura bastante complexa e em constante estudo por pesquisadores.

A consciência é a nossa voz interior que nos diz se são corretos ou não os nossos atos, diferenciando o Bem e o Mal. Ela está intimamente ligada à moral, à responsabilidade e ao livre-arbítrio, que é a possibilidade de escolha e julgamento de nossos próprios atos.

Quando praticamos atos injustos e errados, a consciência nos alerta sobre o fato, e normalmente ficamos com remorso; porém, quando o ato é moralmente correto, ficamos felizes e com a sensação de dever cumprido.

Sendo Deus o bem supremo, é esperado que os seres humanos, obra de sua criação, vivam em harmonia, com responsabilidade e consciência de seus atos, com dignidade e honradez.

Diante de uma norma, é a consciência que nos faz refletir quanto à possibilidade de cumpri-la ou não.

É a consciência que leva um indivíduo a sentir culpa ou remorso por um ato realizado, como, por exemplo, infringir uma lei, mesmo quando não há testemunhas.

Veja o que o filósofo alemão Friedrich Nietzsche (1844-1900) escreveu a respeito da consciência na obra *A genealogia da moral*:

Sua consciência? [...]

Adivinhar-se-á desde o início que esta ideia de "consciência" que reencontramos aqui num desenvolvimento superior até a estranheza tem atrás dela uma longa história, a evolução de suas formas. Poder responder por si e responder com orgulho, portanto poder aprovar a si mesmo — aí está, ou já o disse, um fruto maduro, mas também um fruto tardio. Quanto tempo este fruto teve de ficar, áspero e ácido, suspenso na árvore!

A consciência nos leva à aprovação ou não de nossos atos, e pressupõe uma hierarquia de valores, além de uma finalidade para esses atos, quer seja para o Bem ou para o Mal. Ou seja, a consciência permite a cada um verificar a sua própria conduta e formular juízos sobre suas ações.

Paz e perdão

A paz é a ausência de conflitos e de violência, é a predominância da harmonia. É também um estado de espírito que representa a calma e a tranquilidade.

Ele se inicia nos corações humanos como uma força interior, fazendo com que se possa ver o inimigo como um ser semelhante, como um irmão, permitindo assim que qualquer conflito seja resolvido com diálogo, sem uso da violência.

Nos conflitos individuais, é necessário se colocar no lugar do outro para entender os seus anseios, medos e angústias, visando compreender o que gerou o conflito.

Para atingir a paz, é necessário trilhar o caminho da fraternidade e da solidariedade, fazendo delas hábito comum, cotidiano e real na sociedade.

Para a construção de uma sociedade harmônica, onde todos vivam em paz, deve-se praticar primeiramente a não violência dentro de cada lar, com a família.

A solidariedade e a educação voltada para o pacifismo são fundamentais no combate à violência e para o caminho da paz.

O fato de ser contra a violência e a favor da paz não implica passividade e inércia perante os problemas existentes. Como cidadãos, todos devem lutar contra as injustiças sociais, contra a desigualdade, a fome, a miséria e todos os males que afligem o mundo, tendo uma postura pacífica que favoreça a paz.

A paz é necessária para a existência e a dignidade humana; pode e deve ser ensinada através de uma educação voltada para a tolerância, o respeito ao outro, o diálogo e a honestidade.

Os valores humanos também são fundamentais para que a paz se torne presente no dia a dia, pois em uma sociedade onde há predomínio dos valores humanos existem diálogo e compreensão, instrumentos importantes na prevenção e resolução de conflitos.

A justiça é fundamental no caminho da paz, porém sozinha não basta. É necessário, em primeiro lugar, o amor ao semelhante. Essas duas forças levam ao perdão e, consequentemente, à paz.

Jesus sempre incentivou a paz. São palavras dele: "Bem-aventurados os que promovem a paz, porque serão chamados filhos de Deus" (Mateus 5:9).

Na *Bíblia*, a paz não está relacionada apenas à ausência de conflitos entre povos, mas também à reconciliação do homem com Deus e do homem para com seu semelhante, geralmente associada também ao perdão.

Jesus, em seus discursos, ensinava o perdão e o amor ao próximo. Compreendendo as suas palavras e aceitando-as verdadeiramente, podemos construir um mundo melhor.

O perdão tem o poder de destruir barreiras, ódio e violência. Deus, segundo a *Bíblia*, nos dá este exemplo; portanto, devemos nós também perdoar aos que nos feriram ou magoaram. Vários homens bíblicos escreveram a esse respeito.

- O salmista e rei Davi: "Porque tu, Senhor, és bom, e pronto a perdoar, e abundante em benignidade para com todos os que te invocam" (Salmos 86:5).
- O apóstolo João: "Se confessarmos os nossos pecados, ele é fiel e justo para nos perdoar os pecados e nos purificar de toda injustiça" (João 1:9).
- O apóstolo Mateus: "Porque, se perdoardes aos homens as suas ofensas, também vosso Pai celestial vos perdoará a vós [...]. Se, porém, não perdoardes aos homens as suas ofensas, também vosso Pai não vos perdoará as vossas ofensas" (Mateus 6: 14-15).

- O apóstolo Paulo: "Antes sede bondosos uns para com os outros, compassivos, perdoando-vos uns aos outros, como também Deus vos perdoou em Cristo" (Efésios 4:32).

Finalmente, há um relato na *Bíblia*, no capítulo 18 do livro de Mateus, em que Pedro e Jesus conversam sobre o perdão:

> Então Pedro, aproximando-se Dele, perguntou-lhe:
> — Senhor, até quantas vezes pecará meu irmão contra mim, e eu hei de perdoar? Até sete?
> Respondeu-lhe Jesus:
> — Não te digo que até sete; mas até setenta vezes sete.

Saiba +

A oração transcrita abaixo é de origem desconhecida, mas costuma ser atribuída a Francisco de Assis, pois reflete bem a vida do frade.

Oração da paz

Senhor! Fazei de mim um instrumento da vossa paz.
Onde houver ódio, que eu leve o amor.
Onde houver ofensa, que eu leve o perdão.
Onde houver discórdia, que eu leve a união.
Onde houver dúvida, que eu leve a fé.
Onde houver erro, que eu leve a verdade.
Onde houver desespero, que eu leve a esperança.
Onde houver tristeza, que eu leve a alegria.
Onde houver trevas, que eu leve a luz.
Ó Mestre, fazei com que eu procure mais:
consolar, que ser consolado;
compreender que ser compreendido;
amar, que ser amado.
Pois é dando que se recebe.
É perdoando que se é perdoado.
E é morrendo que se vive para a vida eterna.

Teste seu saber

1. **Lutaram pela paz e contra as injustiças sociais:**
   a) Martin Luther King, Gandhi e Hitler.
   b) Madre Teresa de Calcutá, Hitler e Gandhi.
   c) Martin Luther King, Gandhi, Nelson Mandela.
   d) Hitler, Nelson Mandela, Gandhi.

2. **(FGV-SP) A independência da Índia do domínio britânico deveu-se, em grande parte, à liderança de Mahatma Gandhi. Em sua luta pela independência, sua postura lhe valeu alguns anos de cadeia. Gandhi preconizava:**
   a) a guerrilha urbana. b) a guerrilha camponesa.
   c) a resistência pacífica. d) a queima das plantações britânicas.
   e) a greve geral.

(UEL-PR) Leia o texto a seguir, escrito por Machado de Assis (1839-1908), para responder às questões 3 e 4.

Supõe tu um campo de batatas e duas tribos famintas. As batatas apenas chegam para alimentar uma das tribos, que assim adquire forças para transpor a montanha e ir à outra vertente, onde há batatas em abundância; mas, se as duas tribos dividem em paz as batatas do campo, não chegam a nutrir-se suficientemente e morrem de inanição. A paz, nesse caso, é a destruição; a guerra é a conservação. Uma das tribos extermina a outra e recolhe os despojos. Daí a alegria da vitória, os hinos, aclamações, recompensas públicas e todos os demais efeitos das ações bélicas. Se a guerra não fosse isso, tais demonstrações não chegariam a dar-se, pelo motivo real de que o homem só comemora e ama o que lhe é aprazível ou vantajoso, e pelo motivo racional de que nenhuma pessoa canoniza uma ação que virtualmente a destrói. Ao vencido, ódio ou compaixão; ao vencedor, as batatas.

Joaquim Maria Machado de Assis. *Quincas Borba*. Rio de Janeiro: Nova Aguilar, 1997. p. 648-649.

3. **(UEL-PR) Nessa passagem, quem fala é Quincas Borba, o filósofo. Suas palavras são dirigidas a Rubião, ex-professor, futuro capitalista, mas, no momento, apenas seu enfermeiro. Com base nas palavras de Quincas Borba, considere as afirmativas a seguir.**
   I. As duas tribos existem separadamente uma da outra.
   II. A necessidade de alimentação determina os termos do relacionamento entre as duas tribos.
   III. O relacionamento entre as duas tribos pode ser amistoso ("dividem entre si as batatas") ou competitivo ("uma das tribos extermina a outra").
   IV. O campo de batatas determina a vitória ou a derrota de cada uma das tribos.

Estão corretas apenas as afirmativas:

a) I e IV. b) II e III. c) III e IV. d) I, II e III. e) I, II e IV.

4. (UEL-PR) Ao definir a paz como "destruição" e a guerra como "conservação", o autor do texto:

a) Serve-se de um recurso argumentativo incompatível com a realidade a que se refere.

b) Critica aqueles que sentem repugnância ou pedem misericórdia para os povos derrotados na guerra.

c) Baseia-se em uma forma de raciocínio relacionada a uma situação hipotética específica.

d) Procura comprovar que, embora pareça ser uma solução, a guerra traz grandes prejuízos à humanidade.

e) Refere-se à guerra para destacar as diferenças entre o funcionamento da economia nas sociedades primitiva e moderna.

Descomplicando o ensino religioso

Releia este texto:

O grande patriarca da *Bíblia* hebraica é também o antepassado espiritual do Novo Testamento e o grande arquiteto sagrado do *Alcorão*. Abraão é o ancestral comum do judaísmo, do cristianismo e do islamismo. É a chave do conflito árabe-israelense. É a peça central da batalha entre o Ocidente e os extremistas islâmicos. É o pai — e, em muitos casos, o suposto pai biológico — de doze milhões de judeus, dois bilhões de cristãos e um bilhão de muçulmanos em todo o mundo. É o primeiro monoteísta da história.

Bruce Feiler. *Abraão*. Rio de Janeiro: Sextante, 2003. p. 19.

Uma das causas dos conflitos entre árabes e israelenses é a disputa por uma cidade. Qual é a cidade?

a) Belém b) Jerusalém c) Roma

d) Cafarnaum e) Nazaré

Resolução e comentários

Muitas são as causas dos conflitos entre árabes e israelenses: questões políticas, geográficas, culturais, religiosas etc. Nesse contexto, a cidade de Jerusalém ocupa um lugar fundamental.

Em hebraico Yeroshalayim ("a paz virá"), em árabe Al Qods ("a Santa"), essa sagrada cidade de 5 mil anos de história, dividida hoje em setores pelos judeus e palestinos, é ponto de convergência das três grandes religiões monoteístas: judaísmo, islamismo e cristianismo.

Proclamada "eterna capital" em 1980 pelo parlamento israelense, também os palestinos desejam torná-la a capital de seu futuro e eventual Estado. Uma cidade, três religiões, três histórias. A resposta correta é a alternativa **b**.

RESPOSTAS DAS ATIVIDADES

Capítulo 1

1. C **2.** D **3.** C **4.** A **5.** D **6.** E **7.** C **8.** B **9.** D **10.** E

Capítulo 2

1. E **2.** D **3.** A **4.** C **5.** A **6.** E **7.** C **8.** B **9.** B **10.** C **11.** B
12. D

Capítulo 3

1. A **2.** D **3.** A **4.** B **5.** E **6.** A **7.** B **8.** E **9.** A **10.** A **11.** D
12. A **13.** A **14.** A

15. O *Talmude* é uma lei oral revelada a Mohamed, essencial para a interpretação da lei escrita. Nele, encontramos regras, preceitos morais, comentários, histórias e lendas sobre a *Torá*.

16. D **17.** D

Capítulo 4

1. C **2.** C **3.** D **4.** B **5.** D **6.** C **7.** E **8.** A **9.** D **10.** B

Capítulo 5

1. B **2.** D **3.** A **4.** A **5.** C **6.** C

Capítulo 6

1. D **2.** E **3.** A **4.** A **5.** E **6.** A **7.** C **8.** A

Capítulo 7

1. C **2.** C **3.** D **4.** E **5.** C **6.** D **7.** E **8.** A **9.** B **10.** D

Capítulo 8

1. B **2.** C **3.** D **4.** C **5.** D

Capítulo 9

1. E **2.** E **3.** B **4.** C **5.** E **6.** C **7.** D

Capítulo 10

1. C **2.** C **3.** D **4.** C

SIGLAS DAS INSTITUIÇÕES

Enem	Exame Nacional do Ensino Médio
ESPM-SP	Escola Superior de Propaganda e Marketing
FGV-SP	Fundação Getúlio Vargas
Fuvest-SP	Fundação Universitária para o Vestibular
OAB-SP	Ordem dos Advogados do Brasil
PUC-MG	Pontifícia Universidade Católica de Minas Gerais
PUC-RJ	Pontifícia Universidade Católica do Rio de Janeiro
Seduc-CE	Secretaria de Educação do Ceará
SSP-SP	Secretaria da Segurança Pública do Estado de São Paulo
UEFS-BA	Universidade Estadual de Feira de Santana
UEL-PR	Universidade Estadual de Londrina
UFAC	Universidade Federal do Acre
UFJF-MG	Universidade Federal de Juiz de Fora
UFMG	Universidade Federal de Minas Gerais
UFPA	Universidade Federal do Pará
UFRGS-RS	Universidade Federal do Rio Grande do Sul
UFSC	Universidade Federal de Santa Catarina
Unioeste-Pr	Universidade Estadual do Oeste do Paraná
Unirio-RJ	Universidade Federal do Estado do Rio de Janeiro
Vunesp-SP	Fundação para o Vestibular da Universidade Estadual Paulista "Julio de Mesquita Filho"

BIBLIOGRAFIA

ALMEIDA, João Ferreira de (trad.). *Bíblia sagrada*. São Paulo: Sociedade Bíblica do Brasil,1995.

CHALITTA, Mansour (trad.). *Alcorão*. Rio de Janeiro: Record, 2002.

EIADE, Mircea; COULIANO, Ioan P. *Dicionário das religiões*. São Paulo: Martins Fontes, 2001.

ELIADE, Mircea. *O sagrado e o profano: a essência das religiões*. São Paulo: Martins Fontes, 2001.

IGREJA CATÓLICA ROMANA. *Catecismo da doutrina cristã*. São Paulo/Petrópolis: Libreria EditriceVaticana/Vozes/Paulus/Paulinas/Loyola/ Ave Maria,1992.

JOHNSON, Paul. *História do cristianismo*. Rio de Janeiro: Imago, 2001.

LURKER, Manfred. *Dicionário de Figuras e Símbolo*. São Paulo: Paulus, 1993.

MENDONÇA, Antônio Gouvêa. *O celeste porvir: a inserção do protestantismo no Brasil*. São Bernardo do Campo: IMS-Edims, 1995.

NABHAN, Neuza Neif. *Islamismo, de Maomé a Nossos Dias*. São Paulo: Ática, 1996. Coleção As religiões na história. 1996.

ROYER, Edwino A. (trad.). *Atlas da Bíblia*. São Paulo: Edições Paulinas, 1986.

SZLAKMANN, Charles. *O judaísmo para iniciantes*. São Paulo: Brasiliense, 1989.

VALLA, Victor Vincent (org.). *Religião e cultura popular*. Rio de Janeiro: DP&A. Coleção O sentido da escola, vol. 17.

VERGER, P. *Notas sobre o culto aos orixás e voduns na Bahia de Todos os Santos, no Brasil, e na antiga costa dos escravos, na África*. São Paulo: EDUSP, 2000.

VOLTAIRE, Françoise Marie Arouet. *Tratado sobre a tolerância*. São Paulo: Martins Fontes, 2000.

WALZER, Michael. *Da tolerância*. São Paulo, Martins Fontes, 1999.

WOLFGANG, Gruen. *Pequeno vocabulário da Bíblia*. São Paulo: Paulinas, 1984.

A carta da Terra

Princípios

I. RESPEITAR E CUIDAR DA COMUNIDADE DA VIDA

1. **Respeitar a Terra e a vida em toda sua diversidade.**
   a. Reconhecer que todos os seres são interligados e cada forma de vida tem valor, independentemente de sua utilidade para os seres humanos.
   b. Afirmar a fé na dignidade inerente de todos os seres humanos e no potencial intelectual, artístico, ético e espiritual da humanidade.

2. **Cuidar da comunidade da vida com compreensão, compaixão e amor.**
   a. Aceitar que, com o direito de possuir, administrar e usar os recursos naturais, vem o dever de impedir o dano causado ao meio ambiente e de proteger os direitos das pessoas.
   b. Assumir que o aumento da liberdade, dos conhecimentos e do poder implica responsabilidade na promoção do bem comum.

3. **Construir sociedades democráticas que sejam justas, participativas, sustentáveis e pacíficas.**
   a. Assegurar que as comunidades em todos os níveis garantam os direitos humanos e as liberdades fundamentais e proporcionem a cada um a oportunidade de realizar seu pleno potencial.
   b. Promover a justiça econômica e social, propiciando a todos a consecução de uma subsistência significativa e segura, que seja ecologicamente responsável.
4. **Garantir as dádivas e a beleza da Terra para as atuais e as futuras gerações.**
   a. Reconhecer que a liberdade de ação de cada geração é condicionada pelas necessidades das gerações futuras.
   b. Transmitir às futuras gerações valores, tradições e instituições que apoiem, em longo prazo, a prosperidade das comunidades humanas e ecológicas da Terra.

Para poder cumprir estes quatro amplos compromissos, é necessário:

II. INTEGRIDADE ECOLÓGICA

5. **Proteger e restaurar a integridade dos sistemas ecológicos da Terra, com especial preocupação pela diversidade biológica e pelos processos naturais que sustentam a vida.**

a. Adotar planos e regulamentações de desenvolvimento sustentável em todos os níveis que façam com que a conservação ambiental e a reabilitação sejam parte integral de todas as iniciativas de desenvolvimento.
b. Estabelecer e proteger as reservas com uma natureza viável e da biosfera, incluindo terras selvagens e áreas marinhas, para proteger os sistemas de sustento à vida da Terra, manter a biodiversidade e preservar nossa herança natural.
c. Promover a recuperação de espécies e ecossistemas ameaçados.
d. Controlar e erradicar organismos não nativos ou modificados geneticamente que causem dano às espécies nativas, ao meio ambiente, e prevenir a introdução desses organismos daninhos.
e. Manejar o uso de recursos renováveis como água, solo, produtos florestais e vida marinha de forma que não excedam as taxas de regeneração e que protejam a sanidade dos ecossistemas.
f. Manejar a extração e o uso de recursos não renováveis, como minerais e combustíveis fósseis de forma que diminuam a exaustão e não causem dano ambiental grave.

6. **Prevenir o dano ao ambiente como o melhor método de proteção ambiental e, quando o conhecimento for limitado, assumir uma postura de precaução.**
a. Orientar ações para evitar a possibilidade de sérios ou irreversíveis danos ambientais mesmo quando a informação científica for incompleta ou não conclusiva.
b. Impor o ônus da prova àqueles que afirmarem que a atividade proposta não causará dano significativo e fazer com que os grupos sejam responsabilizados pelo dano ambiental.
c. Garantir que a decisão a ser tomada se oriente pelas consequências humanas globais, cumulativas, de longo prazo, indiretas e de longo alcance.
d. Impedir a poluição de qualquer parte do meio ambiente e não permitir o aumento de substâncias radioativas, tóxicas ou outras substâncias perigosas.
e. Evitar que atividades militares causem dano ao meio ambiente.

7. **Adotar padrões de produção, consumo e reprodução que protejam as capacidades regenerativas da Terra, os direitos humanos e o bem-estar comunitário.**
a. Reduzir, reutilizar e reciclar materiais usados nos sistemas de produção e consumo e garantir que os resíduos possam ser assimilados pelos sistemas ecológicos.
b. Atuar com restrição e eficiência no uso de energia e recorrer cada vez mais aos recursos energéticos renováveis, como a energia solar e do vento.
c. Promover o desenvolvimento, a adoção e a transferência equitativa de tecnologias ambientais saudáveis.
d. Incluir totalmente os custos ambientais e sociais de bens e serviços no preço de venda e habilitar os consumidores a identificar produtos que satisfaçam as mais altas normas sociais e ambientais.
e. Garantir acesso universal à assistência de saúde que fomente a saúde reprodutiva e a reprodução responsável.
f. Adotar estilos de vida que acentuem a qualidade de vida e subsistência material num mundo finito.

8. **Avançar o estudo da sustentabilidade ecológica e promover a troca aberta e a ampla aplicação do conhecimento adquirido.**
   a. Apoiar a cooperação científica e técnica internacional relacionada à sustentabilidade, com especial atenção às necessidades das nações em desenvolvimento.
   b. Reconhecer e preservar os conhecimentos tradicionais e a sabedoria espiritual em todas as culturas que contribuam para a proteção ambiental e o bem-estar humano.
   c. Garantir que informações de vital importância para a saúde humana e para a proteção ambiental, incluindo informação genética, estejam disponíveis ao domínio público.

III. JUSTIÇA SOCIAL E ECONÔMICA

9. **Erradicar a pobreza como um imperativo ético, social e ambiental.**
   a. Garantir o direito à água potável, ao ar puro, à segurança alimentar, aos solos não contaminados, ao abrigo e saneamento seguro, distribuindo os recursos nacionais e internacionais requeridos.
   b. Prover cada ser humano de educação e recursos para assegurar uma subsistência sustentável, e proporcionar seguro social e segurança coletiva a todos aqueles que não são capazes de manter-se por conta própria.
   c. Reconhecer os ignorados, proteger os vulneráveis, servir àqueles que sofrem, e permitir-lhes desenvolver suas capacidades e alcançar suas aspirações.

10. **Garantir que as atividades e instituições econômicas em todos os níveis promovam o desenvolvimento humano de forma equitativa e sustentável.**
   a. Promover a distribuição equitativa da riqueza dentro das nações e entre elas.
   b. Incrementar os recursos intelectuais, financeiros, técnicos e sociais das nações em desenvolvimento e isentá-las de dívidas internacionais onerosas.
   c. Garantir que todas as transações comerciais apoiem o uso de recursos sustentáveis, a proteção ambiental e normas trabalhistas progressistas.
   d. Exigir que corporações multinacionais e organizações financeiras internacionais atuem com transparência em benefício do bem comum e responsabilizá-las pelas consequências de suas atividades.

11. **Afirmar a igualdade e a equidade de gênero como pré-requisitos para o desenvolvimento sustentável e assegurar o acesso universal à educação, assistência de saúde e às oportunidades econômicas.**
   a. Assegurar os direitos humanos das mulheres e das meninas e acabar com toda violência contra elas.
   b. Promover a participação ativa das mulheres em todos os aspectos da vida econômica, política, civil, social e cultural como parceiras plenas e paritárias, tomadoras de decisão, líderes e beneficiárias.
   c. Fortalecer as famílias e garantir a segurança e a educação amorosa de todos os membros da família.

12. **Defender, sem discriminação, os direitos de todas as pessoas a um ambiente natural e social, capaz de assegurar a dignidade humana, a saúde corporal e o bem-estar espiritual, concedendo especial atenção aos direitos dos povos indígenas e minorias.**
   a. Eliminar a discriminação em todas suas formas, como as baseadas em raça, cor, gênero, orientação sexual, religião, idioma e origem nacional, étnica ou social.
   b. Afirmar o direito dos povos indígenas à sua espiritualidade, conhecimentos, terras e recursos, assim como às suas práticas relacionadas a formas sustentáveis de vida.
   c. Honrar e apoiar os jovens das nossas comunidades, habilitando-os a cumprir seu papel essencial na criação de sociedades sustentáveis.
   d. Proteger e restaurar lugares notáveis pelo significado cultural e espiritual.

IV. DEMOCRACIA, NÃO VIOLÊNCIA E PAZ

13. **Fortalecer as instituições democráticas em todos os níveis e proporcionar-lhes transparência e prestação de contas no exercício do governo, participação inclusiva na tomada de decisões, e acesso à justiça.**
   a. Defender o direito de todas as pessoas no sentido de receber informação clara e oportuna sobre assuntos ambientais e todos os planos de desenvolvimento e atividades que poderiam afetá-las ou nos quais tenham interesse.
   b. Apoiar sociedades civis locais, regionais e globais e promover a participação significativa de todos os indivíduos e organizações na tomada de decisões.
   c. Proteger os direitos à liberdade de opinião, de expressão, de assembleia pacífica, de associação e de oposição.
   d. Instituir o acesso efetivo e eficiente a procedimentos administrativos e judiciais independentes, incluindo retificação e compensação por danos ambientais e pela ameaça de tais danos.
   e. Eliminar a corrupção em todas as instituições públicas e privadas.
   f. Fortalecer as comunidades locais, habilitando-as a cuidar dos seus próprios ambientes, e atribuir responsabilidades ambientais aos níveis governamentais para que possam ser cumpridas mais efetivamente.

14. **Integrar, na educação formal e na aprendizagem ao longo da vida, os conhecimentos, valores e habilidades necessárias para um modo de vida sustentável.**
   a. Oferecer a todos, especialmente a crianças e jovens, oportunidades educativas que lhes permitam contribuir ativamente para o desenvolvimento sustentável.
   b. Promover a contribuição das artes e humanidades, assim como das ciências, na educação para sustentabilidade.
   c. Intensificar o papel dos meios de comunicação de massa no sentido de aumentar a sensibilização para os desafios ecológicos e sociais.
   d. Reconhecer a importância da educação moral e espiritual para uma subsistência sustentável.

15. Tratar todos os seres vivos com respeito e consideração.

a. Impedir crueldades aos animais mantidos em sociedades humanas e protegê-los de sofrimentos.

b. Proteger animais selvagens de métodos de caça, armadilhas e pesca que causem sofrimento extremo, prolongado ou evitável.

c. Evitar ou eliminar ao máximo possível a captura ou destruição de espécies não visadas.

16. Promover uma cultura de tolerância, não violência e paz.

a. Estimular e apoiar o entendimento mútuo, a solidariedade e a cooperação entre todas as pessoas, dentro das nações e entre elas.

b. Implementar estratégias amplas para prevenir conflitos violentos e usar a colaboração na resolução de problemas para manejar e resolver conflitos ambientais e outras disputas.

c. Desmilitarizar os sistemas de segurança nacional até chegar ao nível de uma postura não provocativa da defesa e converter os recursos militares em propósitos pacíficos, incluindo restauração ecológica.

d. Eliminar armas nucleares, biológicas e tóxicas e outras armas de destruição em massa.

e. Assegurar que o uso do espaço orbital e cósmico mantenha a proteção ambiental e a paz.

f. Reconhecer que a paz é a plenitude criada por relações corretas consigo mesmo, com outras pessoas, outras culturas, outras vidas, com a Terra e com a totalidade maior da qual somos parte.